PSZ-Drucke
Schriftenreihe des Psychosozialen Zentrums (PSZ)
Universität Ulm

Erhard Mergenthaler

Die Ulmer Textbank

Entwurf und Realisierung eines Textbankverwaltungssystems als Beitrag der angewandten Informatik zur Forschung in der Psychoanalyse

Mit 15 Abbildungen

Springer-Verlag
Berlin Heidelberg New York Tokyo

Reihenherausgeber:

Prof. Dr. Horst Kächele
Prof. Dr. Dr. Peter Novak
Dr. Harald C. Traue

Psychosoziales Zentrum
der Universität Ulm
Am Hochsträß 8, D-7900 Ulm

Autor:

Dr. Erhard Mergenthaler
Universität Ulm,
Sektion Psychoanalytische Methodik
an der Abteilung Psychotherapie
Am Hochsträß 8, D-7900 Ulm

ISBN-13:978-3-540-16650-4 e-ISBN-13:978-3-642-71299-9
DOI: 10.1007/978-3-642-71299-9

2119/3140-543210

Vorwort

Psychoanalyse und Informatik verkörpern zwei Diziplinen, die vor zwanzig Jahren kaum irgend jemand in eine engere sachliche und personelle Verbindung gebracht hätte. Sowohl die Entwicklung der Informatik von einer technologischen Disziplin zu einer theoretisch fundierten Wissenschaft, als auch die Entwicklung der Psychoanalyse von einer hermetisch abgeschlossenen Spezialdisziplin zu einer offenen, empirischen Wissenschaft, haben eine Zusammenarbeit eröffnet, die Kenneth Mark Colby mit der Entwicklung eines Computer-Simulationsmodells zur Erkennung paranoider Denkstrukturen eingeleitet hat.

Die vorliegende Arbeit verwirklicht in dem Bereich der Prozeßforschung die Einbeziehung der Informatik als Forschungsinstrument. Diese Entwicklung wurde in den USA mit den Arbeiten von Donald Spence und Hartvig Dahl vom Research Institut of Mental Health, New York, am Ende der sechziger Jahre in Gang gebracht. Es ist ein Verdienst der Ulmer Forschungsgruppe um H. Thomä und H. Kächele bereits 1974 die Spence'schen Programme übernommen zu haben, die damals noch andernorts auf dem IBM-Rechner der Universität Heidelberg implementiert werden mußten. Die Bemühungen, eine computergestützte Inhaltsanalyse als Methode der Prozeßforschung auszubauen, führten dann 1975 zur Übernahme des Hamburger Programmes zur Elektronischen Verbalanalyse EVA, welches in den folgenden Jahren durch den Verfasser dieser Arbeit zur Ulmer Version überarbeitet und ausgebaut, sowie durch weitere Programme zur Textanalyse ergänzt wurde. Die vorliegende Arbeit beschreibt nun einen weiteren Schritt in der Integration von Informatik als Technologie in die psychoanalytische Grundlagenforschung.

Der Entstehungsprozeß dieser Arbeit befindet sich im Schnittpunkt der Forschungsinteressen von Psychoanalytikern und Informatikern. Die Darstellung erfolgt entsprechend dem Prinzip, für beide Seiten lesbar und verständlich zu bleiben. Zwangsläufig werden daher fachtechnische Details nicht immer in aller Tiefe ausgeführt oder problematisiert. Die erreichte Lösung mit den zugehörigen Lösungswegen ist Ziel der Darstellung.

Die psychoanalytische Kompetenz des Verfassers ist daraufhin zu betrachten, wieviel psychoanalytisches Wissen und Verständnis der komplexen klinischen Probleme ein Informatiker im Laufe mehrerer Jahre der Mitarbeit an einer psychotherapeutischen Institution sich erwerben kann und erwerben muß, um die Forschungsarbeit in der Psychoanalyse wirksam unterstützen zu können.

Um möglichen Mißverständnissen vorzubeugen, sei abschließend noch darauf hingewiesen, daß die Forschungsinteressen des Verfassers auf die Ergründung komplexen menschlichen Verhaltens beim Patienten und Analytiker gerichtet sind, nicht jedoch auf die Ersetzung des Therapeuten durch Computerprogramme. Nachdrücklich sei vor diesem Trend, der durch die zunehmende Computerisierung breiter Bevölkerungsschichten durch die Personal-Computer-Welle begünstigt wird, gewarnt.

Ulm, im November 1985 E. Mergenthaler

Danksagung

Mein besonderer Dank gilt Herrn Prof. Dr. med. H. Kächele, Leiter der Sektion Psychoanalytische Methodik, sowie Herrn Prof. Dr. med. H. Thomä, Leiter der Abteilung Psychotherapie. Sie haben in nunmehr zehnjähriger Zusammenarbeit nicht nur die institutionellen Voraussetzungen für einen Informatiker an der Abteilung geschaffen, sondern ließen mich auch ohne Einschränkung an dem klinischen Geschehen teilhaben. Daß ich darüber meine Identität als Informatiker nicht verloren habe, danke ich andererseits Herrn Prof. Dr. H.-J. Schneider, Leiter der Abteilung Computergestützte Informationssysteme am Institut für Angewandte Informatik der Technischen Universität Berlin, der mir stets den Anschluß an aktuelle Fragestellungen und Forschungsergebnisse aus dem Bereich der Informatik ermöglicht hat.

Für Diskussionen, Anregungen und Unterstützung möchte ich mich bei all den Kollegen und Kolleginnen der Abteilung Psychotherapie, insbesondere aber bei meinen Mitarbeitern, Frau Dipl.-Inform. med. B. Drewek (geb. Schmucker) und Frau Dipl.-Math. E.M. Wirtz bedanken. Frau Med. Dok. I. Hössle und Frau Med. Dok. U. Kemmer danke ich besonders für die Mühe, die sie bei der Programmierung und der Auswertung der Daten sowie bei der Erstellung der Tabellen und grafischen Darstellungen auf sich genommen haben.

Frau Mühl danke ich für Ihren Eifer, mit dem sie die Schreibarbeiten übernommen hat und insbesondere für die Geduld, die Sie im Umgang mit den Tücken des verwendeten Textverarbeitungssystems aufbringen mußte.

Diese Arbeit entstand mit Unterstützung der Deutschen Forschungsgemeinschaft im Rahmen des Sonderforschungsbereichs 129 "Psychotherapeutische Prozesse".

Inhalt

Verzeichnis der Abbildungen

Verzeichnis der Tabellen

1 Grundzüge und Probleme klinischer Forschung am Beispiel psychoanalytischer Behandlungsgespräche

Im Mittelpunkt klinisch-analytischer Forschung stehen tiefenpsychologische Erkenntnisse über den gesunden als auch den kranken Menschen, wie sie unter den Bedingungen der psychoanalytischen Situtation gewonnen werden können. Mit dieser Maxime des "ad hoc committee on scientific activities" der amerikanischen psychoanalytischen Vereinigung (zitiert nach KOHUT 1977 S.118) wird die wissenschaftlich kontrollierte Beschreibung psychoanalytischer Behandlungsverläufe zum Hauptgegenstand empirischer Prozeßforschung, mit dem Ziel, die Überprüfung klinischer Theorien zu ermöglichen und Erkenntnisse in den Behandlungsprozeß zurückfließen zu lassen.

Die nachfolgenden Abschnitte dieses Kapitels nehmen ihren Ausgangspunkt in diesen Überlegungen und führen schließlich bis hin zum Textbegriff und damit zu einer der wichtigsten Datenquellen psychotherapeutischen Handelns und Wirkens. Umfang und Tiefe dieser Ausführungen richten sich danach, inwieweit sie zum Verständnis der Konzeption und der Einsatzmöglichkeiten des in den darauf folgenden Kapiteln vorgestellten Textbankverwaltungssystems hilfreich sein können.

1.1 Darstellungsformen von Behandlungsverläufen

An der Abteilung Psychotherapie, in deren Rahmen diese Arbeit entstand, werden den vielfältigen Fragen entsprechend vier Beschreibungsebenen unterschieden (s. KÄCHELE, THOMÄ und SCHAUMBURG 1973; KÄCHELE 1976):

1. Traditionelle Fallstudie
2. systematische Beschreibung
3. skalierte Beurteilungen
4. computerunterstützte Textanalysen.

Die **traditionelle Fallstudie**, das von Freud aus der Psychiatrie übernommene und bis heute gebräuchlichste Beschreibungsmittel findet im wissenschaftlichen wie auch klinischen Alltag Anwendung (KÄCHELE 1981). Mit ihr werden aus der Sicht des Therapeuten Behandlungsverläufe umfassend und integrativ dargestellt. Für sich genommen, stellt sie eine verhältnismäßig subjektive Beschreibungsmethode dar, die erst durch die Diskussion mit anderen Klinikern, beispielsweise in Fallseminaren auf ihre Nachvollziehbarkeit geprüft werden kann. Andererseits ist sie eine unerläßliche Informationsquelle für die Interpretation der drei weiteren Beschreibungsmethoden. Der technologische Aufwand für diesen Ansatz ist äußerst gering, es genügen die Gedächtnisprotokolle des Therapeuten, allerdings sind die Gesetzmäßigkeiten bei ihrer Erstellung noch wenig untersucht (s. HOFFMANN und POLLER 1978; MEYER 1981).

Die **systematische Beschreibung** erreicht bereits ein weitaus höheres Maß an Objektivität. Sie wird im Rahmen der Ulmer Prozeßforschung nach folgenden Gesichtspunkten gegliedert (THOMÄ et al. 1973):

a) Symptomatik des Patienten
b) äußere Situation des Patienten
c) Vorstellungen von außeranalytischen Beziehungspersonen
d) analytische Situation aus der Sicht des Patienten
e) analytische Situation aus der Sicht des Analytikers
f) Psychodynamik des Patienten

Entsprechend dieser Unterpunkte wird die systematische Beschreibung von einer Gruppe von Klinikern erstellt, die nicht am Behandlungsprozeß beteiligt sind. Diese arbeiten dabei mit Verbatimtranskripten von Tonbandprotokollen der Behandlung.

Skalierte Beurteilungen dienen der Beschreibung von prozeßrelevanten Teilaspekten. Eine Gruppe von klinisch erfahrenen Beurteilern erhält hierzu Ausschnitte von Behandlungsstunden auf Tonband oder in verschrifteter Form, um sie nach engumgrenzten Konstrukten auf Schätzskalen einzustufen. Wegen des damit verbundenen hohen Zeitaufwands bleibt diese Methode auf kleine Behandlungsausschnitte begrenzt (KÄCHELE, GRÜNZIG und THOMÄ 1979).

Mit der **computerunterstützten Textanalyse** die 1976 von KÄCHELE in die deutschsprachige Prozeßforschung eingeführt wurde, werden große Behandlungsaus- und abschnitte untersucht. Diese Beschreibungsebene erfordert einen hohen technologischen Aufwand. Sie bedarf noch umfangreicher Methodenentwicklungen und der Durchführung von Grundlagenstudien sowie der Integration benachbarter wissenschaftlicher Disziplinen wie Informatik und Linguistik, wozu auch diese Arbeit ihren Teil beitragen soll.

Auf allen vier Untersuchungsebenen wird in der oben angeführten Reihenfolge mit zunehmendem Ausmaß die **Sprache als primäre Datenquelle** für die empirischen Untersuchungen verwendet. Auf der vierten Ebene schließlich werden ausschließlich sprachliche Daten verarbeitet. Dies entspricht durchaus einer Charakterisierung der psychoanalytischen Behandlung von FREUD, der in seinen "Vorlesungen zur Einführung in die Psychoanalyse" bemerkt, daß in der psychoanalytischen Behandlung nichts anderes vorgehe, "... als ein Austausch von Worten zwischen dem Analysierten und dem Arzt" (FREUD 1916/17 S.43). Gleichwohl konnte er sich, wie er ein paar Sätze weiter feststellt, nicht vorstellen, daß das Gespräch, in dem die psychoanalytische Behandlung bestehe, einen Zuhörer vertrage. "Sie können also" belehrte er seine Studenten "eine psychoanalytische Behandlung nicht mit anhören, sie können nur von ihr hören und werden die Psychoanalyse im strengsten Sinn des Wortes nur vom Hörensagen kennenlernen" (a.a.O. S.44). Forschung könnte demnach nur einer der Beteiligten selbst, also Analysierter oder Analytiker durchführen. Der einzig gangbare Weg schien daher für lange Zeit die traditionelle Fallstudie.

Auch heute noch verträgt die Psychoanalyse keinen realen, sich im Behandlungszimmer befindlichen Zuhörer, jedoch - und das zeigt die zum Teil langjährige Erfahrung mehrerer, vornehmlich amerikanischer aber auch deutscher Forscher - sie verträgt das

Mikrofon und damit die Tonbandaufzeichnungen (s. WALLERSTEIN und SAMPSON 1971). Ihre Auswirkung auf den analytischen Prozeß ist allerdings, wie RUBERG (1981) in einem umfassenden Literaturüberblick zeigt, noch wenig geklärt. Die in der Literatur den Tonbandaufnahmen des öfteren zugewiesene Sonderstellung kann Ruberg an umfangreichen Textstichproben aus der ULMER TEXTBANK von vier psychoanalytischen Behandlungen jedoch nicht belegen. Er zeigt, daß die Patienten auf andere "Störgrößen" wie die Bezahlung der Behandlung oder die Couch mindestens so stark reagieren. Er führt die Überbewertung des Tonbandeinflusses darauf zurück, "daß die Standardbedingungen des analytischen Settings vorwiegend von den Patienten eine Auseinandersetzung und Anpassung erfordern, die Tonbandaufnahmen dagegen auch für die Analytiker teilweise starke Belastungsmomente mit sich bringen" (a.a.O. S.123). Dem ungeachtet war mit den ersten Tonbandaufnahmen und deren Transkription praktisch der Weg frei für die drei über die traditionelle Fallstudie hinausgehenden Beschreibungsebenen (s. KÄCHELE et al. 1975).

Der hier zugrunde gelegte Forschungsansatz hat deskriptiven Charakter, wie schon der oben verwendete Begriff 'Beschreibungsebene' aussagt. Er steht unter dem Gesichtspunkt, daß Sprache in Anlehnung an BÜHLERs Modell

1. beim Patienten Ausdruck seines Empfindens und
2. beim Therapeuten Mittel seines therapeutischen Handelns

ist. Ein Rahmen zur Interpretation der empirisch gewonnenen Deskriptionen ist erst allmählich im Entstehen. Hierzu zählen insbesondere Modelle für den psychoanalytischen Behandlungsverlauf und die Formulierung von Hypothesen, wie sie aus der Behandlungstheorie ableitbar sind. Hierauf soll in dem folgenden Abschnitt kurz eingegangen werden.

1.2 Prozeßmodelle

H. THOMÄ hat in seinen Schriften zur Praxis der Psychoanalyse (1981) ein Prozeßmodell der psychoanalytischen Therapie aufgestellt, indem er sie mit "einer fortgesetzten, zeitlich nicht befristeten Fokaltherapie mit sich veränderndem Fokus" (a.a.O. S.85) vergleicht. Er geht dabei von fünf Annahmen aus:

1. Es gibt regelhaft wiederkehrende Themen im psychoanalytischen Prozeß, aber keine Uniformität.

2. Die psychoanalytische Erfahrung zeigt, daß weder kurz- noch längerfristig gleichzeitig mehrere Themen bearbeitet werden können.

3. Der Psychoanalytiker ist ein aktives Element im Modell mit selegierenden und planenden Funktionen.

4. Psychoanalytische Theorien sind hypothetischer Natur und müssen stets neu überprüft werden.

5. Treten beim Patienten die angestrebten Veränderungen nicht ein, müssen die therapeutischen Mittel variiert werden.

THOMÄ weist in seinen Ausführungen dem Patienten im Gegensatz zum Analytiker keine aktive Rolle zu. Andererseits nimmt er an, daß beim Wiederauftreten eines Fokus "der früher erzielte Fortschritt wirksam bleibt und die Neubearbeitung des Fokus unter weiterführenden Aspekten angegangen werden kann" (a.a.O. S.86). Damit wird jedoch zumindest vorausgesetzt, daß der Patient die Fähigkeit zu lernen besitzt. Eine Eigenschaft, die ihn gleichermaßen zu einem aktiven Element in der THOMÄschen Modellvorstellung werden läßt.

Ein formal gänzlich verschiedenes Prozeßmodell der psychoanalytischen Therapie skizziert VON ZEPPELIN (1981). Es baut auf dem Entwurf eines Regulierungsmodells kognitiv affektiver Prozesse von MOSER et al. (1981) auf. Während THOMÄs Auffassung der fortgesetzten Fokaltherapie den psychoanalytischen Prozeß phänomenologisch und global beschreibt, gibt VON ZEPPELIN eine funktionale und äußerst differenzierte Prozeßbeschreibung, in die sie THOMÄs Modell voll zu integrieren vermag. Mit ihren Worten "werden im analytischen Prozeß immer wieder neue Konflikte reaktiviert und zu fokusierten Themata ausgebildet. Nach der Durchführung eines Konflikts entsteht in diesem Bereich hohe Redundanz ... Ein neuer Fokus hingegen löst wiederum Ungewissheit aus und bedarf neuer Such- und Einsichtsprozesse" (VON ZEPPELIN 1981 S.6). Das wiederholte Thematisieren ein- und desselben Fokus erklärt sie über Annäherungsmodelle, bei denen Prozesse der Einsicht zugrunde liegen. "Die kognitive Arbeit der Psychoanalyse verläuft ... iterativ" (ebd.).

Mit der voraufgegangenen kurzen Charakterisierung des Fokusmodells sowie des Regulierungsmodells wurden zugleich zwei Modelltypen vorgestellt, wie sie für den Stand der heutigen psychoanalytischen Prozeßforschung prägend sind. Wenn nun im folgenden das Fokusmodell nach THOMÄ einer formalen Beschreibung unterzogen wird, so geschieht dies vornehmlich dazu, um dessen Transparenz zu erhöhen und um Voraussetzungen zu schaffen, die eine spätere Formulierung von Bezügen zu empirischen Forschungsansätzen ermöglichen.

1.2.1 Parameter des Fokusmodells

Um zu der formalen Darstellung des Fokusmodells für den psychoanalytischen Prozeß zu gelangen, werden Modellparameter eingeführt. Mit ihnen werden alle Faktoren beschrieben, die unter der gewählten Betrachtungsweise das Prozeßgeschehen beeinflussen. Die aktiven Teile sind der Patient und der Analytiker. Sie bestimmen durch ihre persönlichen Eigenschaften und Fähigkeiten die Dynamik des Prozeßgeschehens. Beschreibbar wird dieser Vorgang über die Einführung eines Zeitbegriffes. Passiven und von der psychoanalytischen Theorie her geprägten Anteil haben der jeweilige Fokus und die Bedingungen für sein Auftreten. Der psychoanalytische Prozeß ist damit eine Funktion dieser Größen, die auch als Modellparameter verstanden werden können. Durch ihre Definition wird das Prozeßgeschehen näher bestimmt.

Patient. Wird als Menge von Patienten verstanden, die nach Patiententypen weiter untergliedert werden können (z.B.: Ich-intakter Typ; strukturell ich-gestörter Typ). Patienten sind zeitabhängig.

Analytiker. Wird als Menge von Analytikern verstanden. Eine Differenzierung kann noch nicht angegeben werden. Der Analytiker ist idealiter nicht zeitabhängig, jedoch von der von ihm verwendeten klinischen Theorie bestimmt.

Zeit. Zur Beobachtung des Prozeßgeschehens werden Zeitintervalle eingeführt. Diese stellen feste Abschnitte auf der kontinuierlichen Zeitachse dar und können in Anpassung an das reale therapeutische Geschehen als Behandlungsstunden definiert werden.

Fokus. Ein Fokus dient zur inhaltlichen Kennzeichnung des Prozeßgeschehens und wird als Menge einzelner Foki verstanden. Der Fokus ist von dem Patienten, dem Analytiker und von der Zeit abhängig. Beispiele für einen Fokus im Rahmen der Angsttheorie sind: Beschämungsangst, Kastrationsangst, Schuldangst oder Trennungsangst.

Wahrscheinlichkeitsraum. Für jeden Fokus gibt es eine Wahrscheinlichkeit für sein Auftreten innerhalb einer psychoanalytischen Therapie bei einer gegebenen Analytiker/Patient-Konstellation. Die Wahrscheinlichkeiten können als eine Menge unscharfer Werte wie z. B. 'sicher', 'kaum' oder 'möglich' ("fuzzy set logic"; s. ZADEH 1965, 1984) verstanden werden.

Ordnungsrelation. Die Abfolge der einzelnen Foki ist nicht beliebig. Die Ordnungsrelation macht in Form unscharfer Werte Aussagen über mögliche Abläufe.

Objektraum. Ein Fokus ist zielgerichtet auf ein Objekt aus der Menge verfügbarer Objekte. Beispiele für Objekte sind: Mutter, Vater, Pferd.

Randbedingungen. Für die Funktionstüchtigkeit des Modells sind eine Reihe von Randbedingungen gegeben. Beispiele sind:

R1: Der Fokus zum Beginn des Prozeßgeschehens wird von der initialen Interaktion von Patient und Analytiker bestimmt.

R2: Zu jedem Zeitpunkt existiert genau ein Fokus.

1.2.2 Folgerungen aus dem Fokusmodell

Das hier referierte Fokusmodell für den psychoanalytischen Prozeß ist sehr allgemein und bedarf sicherlich einer weiteren Differenzierung. Bevor dies sinnvollerweise geleistet werden kann, sollte es jedoch idiographisch in empirischen Untersuchungen bestätigt werden. Gerade wegen seiner geringen Differenziertheit sollte dies - im Gegensatz zu dem o. e. Regulierungsmodell - auch praktisch möglich sein. Die zu untersuchenden Fragestellungen sollten sich dabei an den Möglichkeiten der wissenschaftlichen Auswertung von Verbatim-Protokollen orientieren:

1. Lassen sich im Verlaufe einer psychoanalytischen Behandlung aufeinander abfolgende Zeitintervalle mit jeweils verschiedenen dominanten Themen, dem Fokus, aufzeigen? Eine Untersuchung sollte weiter Antworten auf folgende Fragen geben: Wie lange dauert und welche Variationsbreite zeigt die Behandlung eines (bestimmten) Fokus sowohl intra- als auch interindividuell? Tritt derselbe Fokus im Verlaufe einer Behandlung mehrfach auf? Lassen sich anhand vorgestellter Fragen unterschiedliche Fokustypen aufzeigen?

2. Lassen sich beim Patienten Veränderungen feststellen? Besonderer Aufschluß wird zu folgenden Fragen erwartet: Wird

ein Fokus bei wiederholtem Auftreten anders behandelt? Lassen sich anhand des Auftretens bestimmter Fokalthemen während einer Behandlung Patientengruppen definieren?

3. Gibt es eine (möglicherweise unscharfe) Ordnungsrelation für das Auftreten eines Fokus? Genauer: Gibt es bestimmte Fokalthemen für den Beginn und das Ende einer psychoanalytischen Behandlung?

Die Zusammenstellung dieser Fragen hat exemplarischen Charakter und ist nicht vollständig. Sie sind jedoch geeignet, einen gedanklichen Hintergrund für die in den folgenden Kapiteln und Abschnitten beschriebenen Datensammlungen und Methoden zu bilden. Dies gilt sinngemäß für die nachfolgende Auswahl von Prozeßhypothesen.

1.2.3 Eine Auswahl von Prozeßhypothesen

Die nachfolgenden Hypothesen lassen sich in das vorerwähnte Fokusmodell einbetten. Sie werden beispielhaft hier aufgeführt, da sie als Kriterium für die Eignung der in den sich anschließenden Kapiteln zu beschreibenden Methoden dienen können. Sie sind weder geordnet noch entstammen sie einer bestimmten Systematik. Vielmehr stellen sie die (magere) Ausbeute der langjährigen Sammelarbeit eines Informatikers im psychoanalytischen Forschungsalltag dar. In der psychoanalytischen Literatur wurde bisher auf die Nennung von Hypothesen im Sinne eines empirischen Forschungsparadigmas weitgehend verzichtet.

H1: Bei der Bearbeitung eines Fokus aus dem Bereich der Angst ergibt sich eine Änderung der Objektbeziehung vom Unbelebtem zum Belebtem, vom Unpersönlichen zum Persönlichen, vom Allgemeinen zum Speziellen, vom Ungeeigneten zum Geeigneten, vom Abstrakten zum Konkreten, vom Unbewußten zum Bewußten.

H2: Unbewußte Schuldangst äußerst sich als Kastrationsangst oder Kastrationswunsch.

H3: Die Abwehrstrategie auf kognitiver Basis legt das Objekt weit weg, auf emotionaler Basis wird gefühllos reagiert.

H4: Während der Dauer eines Affekts wird das Objekt gewechselt.

H5: Gegen Ende einer psychoanalytischen Behandlung können Themen schneller durchgearbeitet werden. Der Patient ist durch eine erhöhte Variabilität gekennzeichnet.

H6: Die Zahl der Themen wird im Verlauf einer psychoanalytischen Behandlung reduziert. Daraus folgt einerseits eine erhöhte Anzahl von Wiederholungen, andererseits ist daran eine erhöhte Flexibilität des Patienten gebunden, indem er ein Thema aus mehr Sichtweisen angehen kann. Dies geht einher mit einer zunehmenden Bereitschaft des Patienten, die Sichtweisen des Therapeuten aufzunehmen.

Einer Unterscheidung von GRÖBEN und WESTMEYER (1975 S.108-130) folgend handelt es sich hierbei um "unbeschränkte universelle" Hypothesen, die an Einzelfällen überprüft werden können (WESTMEYER 1979 S.20). Die Hypothesen H1, H5 und H6 enthalten als wesentliche Voraussetzung (Präsupposition) die Annahme, daß es einzelne Foki gibt. Zu ihrer Überprüfung bietet sich daher an, eine "presupposition logic" (KEENAN 1972) zugrunde zu legen oder wie GRÖBEN und WESTMEYER (1975) es bezeichnen, eine "deduktive Bestätigung", eine "Entkräftigung" oder die "Indifferenz" einer Hypothese festzustellen.

Entsprechend wird bei Hypothese H2 das Konzept des Unbewußten (s. LACAN 1956; LANG 1973), bei H3 die Existenz von Abwehrstrategien und eine Unterscheidung auf kognitiver und emotionaler Basis vorausgesetzt. In Hypothese H4 schließlich wird davon ausgegangen, daß in der psychoanalytischen Behandlung Affekte bei Patienten auftreten (s. MOSER 1978, 1983).

Hier wird deutlich, wie sehr empirische Forschung in der Psychotherapie am Anfang steht: Keine der in den sechs Hypothesen enthaltenen grundlegenden Voraussetzungen ist systematisch erforscht und könnte als gegeben gelten. Es ist lediglich die klinische Evidenz, die für deren Existenz spricht.

1.3 Kommunikationsmodelle

Mit der Bezugnahme auf psychoanalytische Prozeßmodelle und der Nennung einiger darauf anwendbaren Hypothesen ist ein erster und wichtiger Schritt getan, um im Rahmen eines systematischen Forschungsansatzes (im Gegensatz zu klinischen Ansätzen) Ziele und Zweck empirischer Forschung einzugrenzen. Mit der nachfolgenden Formulierung eines Kommunikationsmodells für die psychoanalytische Situation sollen nun Wege für ein methodologisches Vorgehen aufgezeigt werden, die unabhängig von jeglicher klinischen Sichtweise beschritten werden können. Der formale Ablauf führt hierbei von einem allgemeinen Kommunikationsmodell zu den kommunizierten Daten und den Strukturen über solchen Daten bis hin zur Beschreibung sprachlicher Kommunikationssituationen.

Der mit einem allgemeinen Kommunikationsmodell erfaßte **Wahrnehmungsraum** weist in seiner vielschichtigen Ausprägung eine unterschiedliche Relevanz für die psychoanalytische Situation auf. Von dem vokalen Aspekt ausgehend erweist sich der **Textraum** - eine Untermenge des Wahrnehmungsraums - als ein wichtiger und für viele Fragestellungen der adäquate Rahmen für das empirische Vorgehen. Entsprechend sollten sprachliche Daten erhoben und deren Strukturen untersucht werden.

Diese Überlegungen werden nachfolgend weiter ausgeführt. Es wird dabei von einem einfachen Sender/Empfänger-Modell, wie etwa bei MOLES (1971 S.22) ausgegangen, in das Elemente von Modellen aus der empirischen Sozialforschung (von KOOLWIJK und WIEKEN-MAYSER 1974 S.113), der allgemeinen Linguistik (HENNIG und HUTH 1975 S.86-111) und der Gesprächsanalyse (HENNE und REHBOCK 1979 S.62) aufgenommen sind. Weitere Elemente, wie sie zur Anpassung an die psychoanalytische Situation geeignet erscheinen, werden hinzugefügt.

1.3.1 Der Wahrnehmungsraum

Bild 1.1 zeigt das für die psychoanalytische Situation im Rahmen dieser Arbeit aufgestellte allgemeine Kommunikationsmodell. Mit der groben Dreigliederung werden die Kommunikationspartner SENDER und EMPFÄNGER sowie der KANAL unterschieden. Aufbau und Eigenschaften des Kommunikationskanals werden bestimmt durch die Möglichkeiten sinnlicher Wahrnehmung und hier als MITTEILUNG zusammengefaßt. Eine Differenzierung der Mitteilungsqualitäten ergibt sechs Facetten. Da Patient und Therapeut danach trachten, die Kommunikation jeweils an die Person des anderen zu binden, werden Wahrnehmungen der Umwelt als aus einer STÖRQUELLE kommend betrachtet und daher nicht weiter unterschieden.

Die Differenzierung der Kanaleigenschaften erlaubt eine Aufteilung des Repertoires in Teilmengen kommunikativer Zeichen entsprechend der menschlichen Wahrnehmungsfähigkeiten. Dabei ist nicht jede Teilmenge gleich mächtig. So ist beispielsweise die Fähigkeit, Gerüche wahrzunehmen, weit weniger differenziert als die zur visuellen Wahrnehmung. Außerdem kann nicht jedes Zeichen willkürlich gesendet werden (intensionale/nicht intensionale Zeichen).

Die Zeichen besitzen unterschiedliche Datenqualitäten. Teilweise sind sie kontinuierlicher, teilweise diskreter Natur. Beispielsweise kann der Duft eines Parfüms die ganze Stunde über andauern (kontinuierliches Datum) und ein Niesen nach Sekunden vorbei sein (diskretes Datum).

Eine informelle Umfrage unter Analytikern zur qualitativen und quantitativen Bedeutung der einzelnen Wahrnehmungsarten und

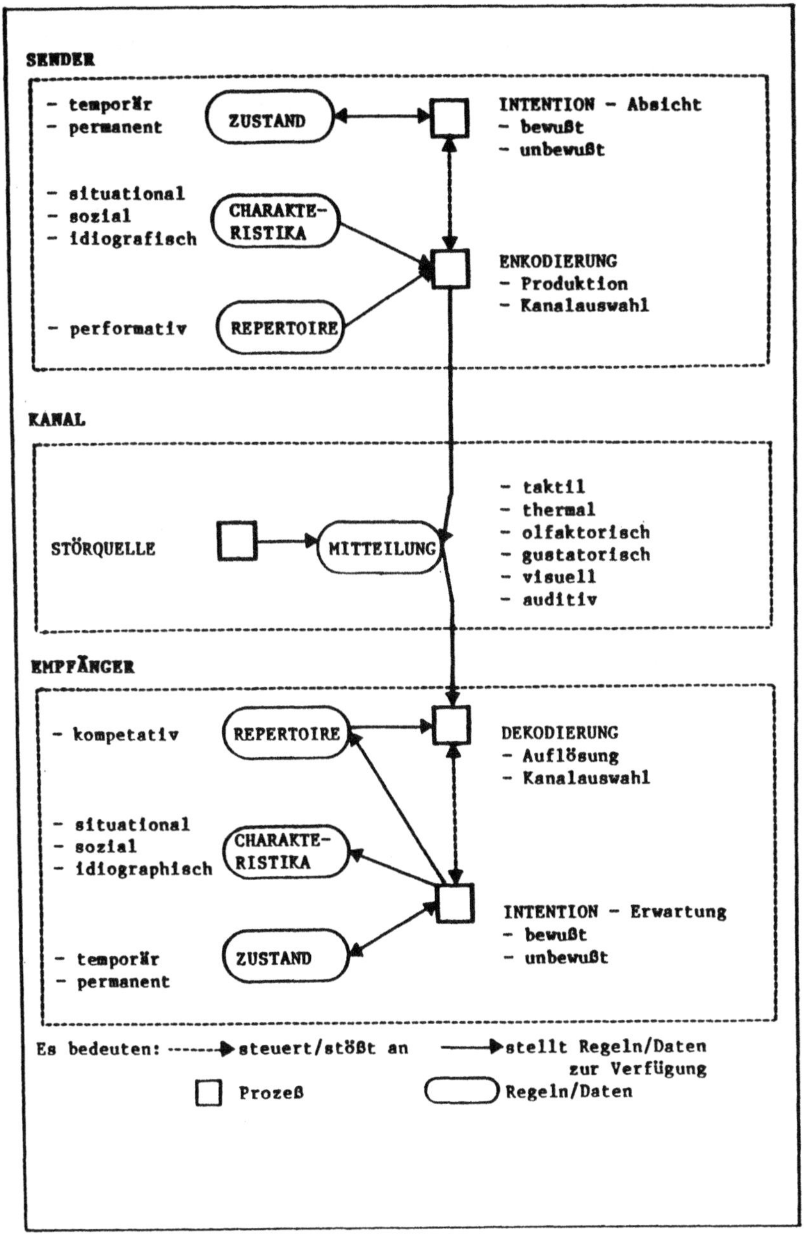

Bild 1.1 Kommunikationsmodell zur psychoanalytischen Gesprächssituation

ihrer Zeichen für die psychoanalytische Situation ergab eine deutliche Vorrangstellung für den auditiven Kanal (siehe auch Tabelle 1.1). Diesem gelten auch eine Fülle wissenschaftlicher Arbeiten, wobei sie sich fast ausschließlich auf den vokalen Teilbereich beziehen. Darüber hinaus finden sich auch einige Arbeiten und Untersuchungen zum visuellen Kanal. Als Beispiele seien GOTTSCHALK (1974) sowie GOTTSCHALK und ULIANA (1977) zur Frage der Hand/Mund-Annäherungen, MAHL (1977) mit seinen Ausführungen zu den Körperbewegungen und Handlungen und deren Beitrag zum psychotherapeutischen Prozeß oder die Untersuchung mimischer Signale bei der Therapie von Stotterern (KRAUSE 1981; BÄNNINGER-HUBER 1984) erwähnt.

Die **Kodierung** wird beim Sender (ENKODIERUNG) wie beim Empfänger (DEKODIERUNG) von deren jeweiligen INTENTIONEN gesteuert. Beim Sender sind dies seine Mitteilungs<u>absichten</u>, beim Empfänger ist es die Mitteilungs<u>erwartung</u>. Die Intentionen können bewußt oder unbewußt sein. Ein Teil der unbewußten Intentionen wird bei der Kodierung bewußt und führt zu einer Korrektur, wie dies häufig bei verbalen Fehlleistungen angetroffen wird. Die Intentionen bestimmen auch die Facette des für die Mitteilung zu verwendenden Kanals. Eine Verneinung kann beispielsweise nur visuell durch Kopfschütteln, nur auditiv durch Verbalisieren oder durch beides gleichzeitig ausgedrückt werden. Auf der Empfängerseite kann dies bedeuten, daß diese Information möglicherweise nicht aufgenommen werden kann, wenn die gewählte Kanalart mit der erwarteten nicht übereinstimmt.

Das hier vorgelegte Kommunikationsmodell verzichtet bewußt auf die bei anderen Autoren (s. etwa HENNIG und HUTH 1975 S.111) vorgenommene Rückführung vom Empfänger zum Sender in Form eines Feedback oder einer Reaktion, um nicht den Eindruck eines geschlossenen Kreislaufes zu vermitteln. Tatsächlich stellt dieses Modell nur den Zeitausschnittt eines Kommunikationsgeschehens dar, für den die Sender/Empfänger-Rolle der beteiligten Personen konstant bleibt. Sobald der Empfänger dem Sender eine Rückmeldung geben will, wechseln die Rollen und dasselbe Modell kann wieder verwendet werden. Dabei stellen sich

Wahrnehmungs-art	Zeichenausprägung	personengebundenes Beispiel	umweltgebundenes Beispiel
taktil	haptisch	anfassen	Polsterung der Couch
	schmerzend		
	thermisch	Hände halten	Raumtemperatur
olfaktorisch	olfaktorisch	Körpergeruch	Blumenduft
gustatorisch	gustatorisch		
visuell	mimisch	Stirnrunzeln	
	gestisch	Kopfnicken	
	okular	in die Augen sehen	
	reflektorisch	zucken	
	korporal	sich räkeln	
	habituell	verängstigt da-hocken	
	aktional	Fenster öffnen	
	kinetisch	hin- und hergehen	
	statisch		Licht
auditiv	nasal	schnaufen	
	oral	schmatzen	
	anal	abgehende Blähungen	
	ventral	Magenknurren	
	manuell	klatschen	
	instrumentell		Baulärm vor dem Haus
	VOKAL*	reden	spielende Kinder vor dem Haus
Kanal	Repertoire	Sender/Empfänger	Störquelle

*Die vokalen Zeichen lassen sich weiter unterteilen:

Kanal	Repertoire	Beispiel
nicht-sprachlich	Para-Linguistik	lachen
	Gesprächsablauf	dazwischenreden
sprachlich	Phonetik	
	Lexik	
	Syntax	
	Stimmqualität	sonor, spöttisch
	Sprechweise	gehetzt
	Gesprächssteuerung	

Tabelle 1.1 Taxonomie kommunikativer Daten

die Beteiligten nach jedem Zyklus verändert dar, da sie ja Information abgegeben und aufgenommen haben. Um dieser Tatsache gerecht zu werden, besitzt das hier vorgestellte Kommunikationsmodell ein zusätzliches Element, den ZUSTAND, das den jeweiligen Zustand eines Kommunikationsteilnehmers kennzeichnet.

Die persönlichen Eigenschaften und die Umstände, in denen sich die Kommunikationsteilnehmer befinden, werden durch die situationalen, sozialen und idiosynkratischen CHARAKTERISTIKA in das Modell eingebracht. Hierzu zählen die Rolle als Patient oder Therapeut genauso wie das Alltagswissen und die erworbenen Regeln für den Sprachgebrauch.

1.3.2 Der Textraum

Mit dem oben vorgestellten Modell kann die psychoanalytische Behandlungssituation hinreichend genau beschrieben werden. Einschränkungen, die zugleich Vereinfachungen bedeuten, ergeben sich aus der psychoanalytischen Grundregel und ein paar wenigen ganz allgemeinen Grundsätzen der Behandlungstechnik.

Über die **Grundregel** erhält der Komplex der Intentionen eine Dauerkomponente, die beim Patienten in der Rolle des Senders, beim Therapeuten in der Rolle des Empfängers zum Tragen kommt (s. dazu auch FLADER und GRODZICKI 1978). Gleichzeitig wird damit für den auditiven Kanal in seiner verbalen Ausprägung eine deutliche Präferenz gesetzt. Das psychoanalytische Setting schließt Kommunikation über den visuellen Kanal zwar nicht aus, erschwert es aber erheblich für Patienten.

Die **Behandlungstechnik** sieht keine taktile, thermale, olfaktorische und gustatorische Kommunikation vor, so daß zumindest vom Therapeuten in der Rolle des Senders diese Kanäle, sofern sie seiner Kontrolle unterliegen, unbenutzt bleiben. Dies gilt im allgemeinen auch für den Patienten, kann jedoch bei dem als "acting in" bezeichneten Verhalten durchbrochen werden.

Für eine weitere Differenzierung ist dieses Modell nicht sensibel genug. So wäre beispielsweise die Übertragung und Gegenübertragung genauso wie die analytische Deutungsarbeit, das Explorieren, das Wiederholen usw. in dem Komplex der Intentionen anzusiedeln. Für den hier verfolgten Zweck, nämlich eine Vorstellung davon zu schaffen, wie sehr das wirkliche Kommunikationsgeschehen nachträglich beschnitten wird, wenn die Psychotherapieforschung sich auf verbatimtranskribierte Behandlungsgespräche beschränkt, ist es jedoch ausreichend.

Zusammenfassend kann die psychoanalytische Kommunikationssituation als stark auf den auditiven Kanal und geringfügig auf das Visuelle bezogen gekennzeichnet werden. Alle anderen Einflüsse dürfen vernachlässigt oder als aus einer Störquelle kommend betrachtet werden. Therapeutisch wirksam werden sie erst, wenn sie gleichsam in einem zweiten Schritt von einem der Kommunikationspartner verbalisiert werden.

1.4 Zur Beschränkung auf den vokalen Kanal

Das wesentliche Ziel einer psychoanalytischen Therapie ist die Veränderung der Erlebniswelt eines Patienten. Das wichtigste Handwerkzeug des Therapeuten hierzu ist seine Sprache. Die Bedeutung des Redens wird noch verstärkt durch das psychoanalytische Setting, bei dem ein Face-to-face-Kontakt auf die Anfangs- und Endminuten einer Behandlungsstunde beschränkt wird. Dennoch werden sowohl vom Patienten als auch vom Therapeuten auch auf allen anderen Kommunikationskanälen stets Informationen aufgenommen und abgegeben (siehe hierzu nochmals Tabelle 1.1). Nicht zuletzt enthält jeder Bericht über eine Psychoanalysestunde auch einen Abschnitt zum äußeren Erscheinungsbild des Patienten. Dort wird in einer oft bildreichen Sprache die Kleidung, die Haltung, der Blick, die Parfümierung des Patienten beschrieben. Dennoch bezeichnen LUBORSKY und SPENCE (1971, 1978) die sprachlichen Daten als **Primärdaten**. Zieht man noch in Betracht, daß die heute übliche Forschungspraxis, wie auch in dieser Arbeit, sich auf Transkripte von Gesprächen beschränkt, so wird der auswertbare Anteil des Informationsgehalts eines Kommunikationsgeschehens noch weiter beschnitten. Es darf deshalb nicht weiter verwundern, wenn Kliniker im Dialog mit empirisch an Verbatimprotokollen forschenden Kollegen erhebliche Zweifel an der Aussagekraft des Datenmaterials anmelden. Diese Bedenken bestehen zweifellos zu Recht. Allerdings gibt es drei entscheidende Gesichtspunkte, die für eine Untersuchung verbatimtranskribierten Materials sprechen.

Zum einen gibt es keine Hinweise darauf, daß die an Verbatimprotokollen gefundenen Ergebnisse abhängig sind von Informationen, die über andere Kommunikationskanäle gewonnen werden können. Eher ist es umgekehrt - und dies scheint ein Grundprinzip in der Natur zu sein - indem ein- und dieselbe Information über mehrere Kanäle gleichzeitig oder zeitlich versetzt übermittelt wird. Als Beispiel sei auf die verbale Verneinung und das gleichzeitig damit verbundene Kopfschütteln oder auf Angstzustände mit gleichzeitigen Schweißausbrüchen hingewiesen. Andere Phänomene wiederum laufen der verbalen Handlung vor oder nach. Dieses allgemeine **Prinzip der Redundanz**, die selbst in der geschriebenen deutschen Sprache noch 66 % ausmacht (s. KÜPFMÜLLER 1954 S.270; ZEMANEK 1959 S.58), wird hier als Arbeitshypothese für die empirische Untersuchung von Verbatim-Protokollen zugrunde gelegt.

Der zweite Gesichtspunkt gilt den **Affekten**, die zunächst sprachlich nicht erfaßbar sind. Diese Einschränkung gilt aber nicht nur für die Forschungspraxis, sondern auch für das therapeutische Geschehen selbst, in das Affekte erst dann einbezogen werden können, wenn sie der Patient, zumindest jedoch der Therapeut rationalisiert und damit verbalisiert. "Die Verbalisierung ist deshalb notwendig, weil nur auf diese Weise die affektiv kognitiven Funktionen von Analytiker und Analysand verknüpft und aufeinander abgestimmt werden können" (VON ZEPPELIN 1981 S.6) Zum Vorgang der Verbalisierung selbst gibt es noch wenig gesichertes Wissen. MAHL (1977) legte hierzu ein

Modell (er nennt es selbst "theoretical paradigm" s. Bild 1.2) vor, worin er eigene und in der Literatur berichtete klinische Beobachtungen unterbringen kann. Wesentliche Teile davon hält er jedoch selbst noch für spekulativ (in Bild 1.2 mit Fragezeichen versehen). Für die hier verfolgte Fragestellung stützt es jedoch die These, daß alle für eine psychoanalytische Therapie relevanten Phänomene früher oder später einer Verbalisierung unterliegen und damit als sprachliche Daten faßbar werden.

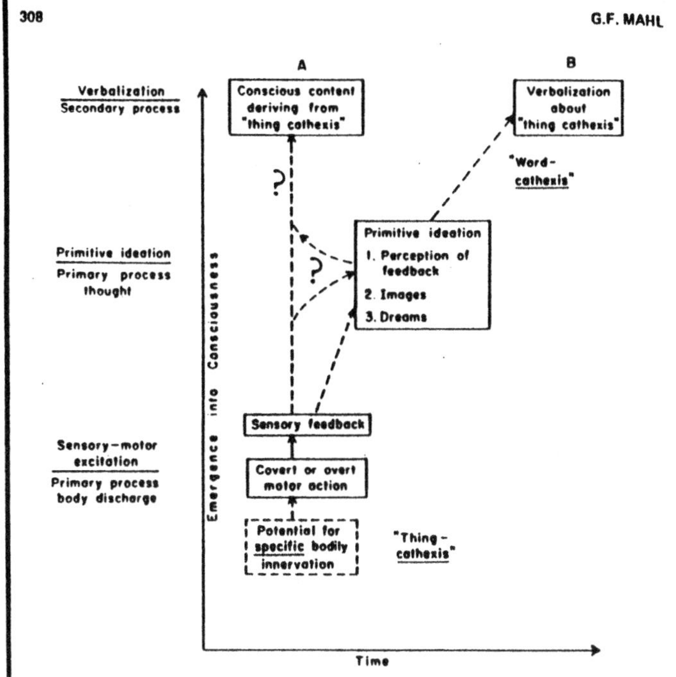

Figure 8 Fourth Theoretical Paradigm - Transitional Stages in Something Becoming Conscious

Bild 1.2 Vorgang der Verbalisierung nach MAHL

Das Dritte betrifft die angestrebte Veränderung des Patienten selbst. Veränderung, hier verstanden als Erweiterung der Erlebniswelt eines Patienten, bedeutet auf der sprachlichen Seite eine Erweiterung des **Vorrats an Inhalten**, über die ein Patient zu sprechen vermag. Gerade dieser Punkt zeigt, daß die Erforschung des psychoanalytischen Prozesses anhand von Verbatimprotokollen am rechten Punkt ansetzt.

Diese Aussagen lassen sich ohne weitere Differenzierung nicht auf andere Therapieformen übertragen oder für sonstige Kommunikationssituationen verallgemeinern. Sie bleiben auf das psychoanalytische Gespräch beschränkt. Beispielsweise hat BODER (1940 S.125) bei seinen Untersuchungen zum Verb/Adjektiv-Quotient an den Textsorten Drama und Prosa festgestellt, daß Intonations- und Gestikulationsunterschiede eine beträchtliche Anzahl an Adjektiven ersetzen können und damit den verbalen Kanal entlasten.

1.5 Zum Begriff der Textsorte

Reden ist, mit den Worten H. HÖRMANNS, eine Handlung zwischen zwei Menschen, "eine Handlung, aus deren Duktus sprachliches Meinen und sprachliches Verstehen sich entwickeln" (1976 S.503). Texte sind der sprachliche Niederschlag solcher Handlungen. Eine Typologie der Texte nennt die Umstände und Intentionen einer sprachlichen Handlung. Nur beides zusammen läßt auf den ursprünglichen Sinn der Handlung schließen. In den folgenden Überlegungen wird das psychoanalytische Gespräch als Textsorte beschrieben (siehe auch GÖPPERT und GÖPPERT 1973 S.168-189). Die dazu vorgebrachten Gedanken gründen auf einem Vorschlag von SANDIG (1972) zur Abgrenzung von Textsorten mittels Merkmalsopposition (s. Tabelle 1.2). Zunächst jedoch erfolgt ein kurzer Exkurs über die schriftliche Fixierung eines Gesprächs, dem Transkript, und den Konsequenzen bezüglich seiner Zugehörigkeit zu einer bestimmten Textsorte.

gesp	gesprochene Sprache
spon	spontanes Gespräch
mono	Kommunikation verläuft monologisch
tdia	Kommunikation monologisch, Text dialogisch
rkon	räumlicher Kontakt der Sprecher
akon	akustischer Kontakt der Sprecher
vkon	visueller Kontakt der Sprecher
zkon	zeitliche Kontinuität
anfa	typischer Anfangsverlauf
ende	typischer Abschluß
aufb	vorgegebener Gesprächsaufbau
them	Thema ist vorgegeben
1per	Gebrauch der 1. Person
2per	Gebrauch der 2. Person
3per	Gebrauch der 3. Person
impe	Gebrauch des Imperativ
temp	Gebrauch der Zeiten
ökon	ökonomische Formen
redu	redundanter Sprachgebrauch
nspr	nur sprachliche Mittel
part	Gleichberechtigung der Partner
+	Das Merkmal ist wesentlich und typisch für die Textsorte.
-	Das Merkmal ist nicht wesentlich oder typisch für die Textsorte.
frei	Das Merkmal ist indifferent für die Textsorte.

Tabelle 1.2 Merkmale zur Textsortenklassifikation in Anlehnung an SANDIG

1.5.1 Das schriftlich fixierte Gespräch

Allgemein lassen sich zwei Arten von schriftlich fixierten Gesprächen unterscheiden: das **reale** Gespräch, wie es durch Transkription eines tatsächlich stattgefundenen Gesprächs hervorgeht und das **fiktive** Gespräch, wie es von einem Autor niedergeschrieben wird. Ohne diese Unterscheidung zu treffen, schreibt SANDIG über schriftlich fixierte Gespräche: "Die Kommunikation ist monologisch, obwohl der Text selbst Dialogform hat; dies wird mit dem Merkmal **+tdia** bezeichnet" (a.a.O. S.116). Hält man sich weiterhin vor Augen, daß der Zweck eines Gespräches die Regeln des Gebrauchs kleinster sprachlicher Einheiten bestimmt, so ist der funktionale Stil einer Gebrauchstextsorte bereits zum Zeitpunkt der Entstehung eines Textes festgelegt. Das fiktive Gespräch hat damit das Merkmal **+tdia**, da es vom Autor für einen potentiellen Leser und für die daraus entstehende monologische Kommunikationssituation erstellt wird. Diese Eigenschaft bleibt auch dann erhalten, wenn eine Umsetzung in gesprochene Sprache beispielsweise beim Hörspiel, erfolgt. Das reale Gespräch dagegen hat das Merkmal **-tdia**, da es zu keinem Zeitpunkt seiner Entstehung für Dritte intendiert ist. Die Schriftform ist für das Gespräch als Gebrauchstext irrelevant. Damit sind auch die das Gespräch als Textsorte kennzeichnenden Merkmale invariant gegenüber einer schriftlichen Fixierung oder, im umgekehrten Falle, gegenüber einer akustischen Interpretation.

Selbstverständlich können die beim Übergang zur Schriftform auftretenden Veränderungen nicht unberücksichtigt bleiben. Sie beruhen auf einem Wechsel des Speichermediums von einer realen Situation über ein Tonband bis hin zum Papier. Der Wechsel eines Speichermediums kann mit einem mehr oder minder starken Informationsverlust verbunden sein. Als Störquellen kommen die Beschaffenheit der Aufnahmevorrichtung, die Güte der Transkriptionsregeln, die Zuverlässigkeit der die Transkription vornehmenden Personen, der Verlust des optischen Kanals bei der Tonbandaufzeichnung, sowie der Verlust des akustischen Kanals bei der Transkription in Betracht.

Zur Beschreibung einer Textsorte zählen also keine Angaben über den Zustand eines Textes. Sie beschränkt sich allein auf die Umstände und Intentionen bzw. die daraus resultierenden Phänomene, unter denen ein Text entstanden ist.

1.5.2 Merkmale des psychoanalytischen Gesprächs

Das psychoanalytische Gespräch ist Bestandteil einer sich über mehrere Jahre erstreckenden Behandlung. In der Regel findet es mehrmals wöchentlich statt und dauert 50 Minuten; Der Patient befindet sich in Rückenlage auf einer Couch, an deren Kopfende der Analytiker in einem Sessel sitzt; Das Gespräch wird nach der "analytischen Grundregel" (FREUD 1913 S.194) aufgenommen, wonach der Patient sich seinen freien Assoziationen überlassen, der Analytiker mit gleichschwebender Aufmerksamkeit zuhören soll (s. JAPPE 1971 S.4 ff).

Das psychoanalytische Gespräch ist ein gesprochener Dialog: **+gesp** und **-mono**. Es kann als spontan gekennzeichnet werden: **+spon**. Allerdings wird hierbei deutlich, daß zur Beurteilung von Spontaneität das Vorhandensein nicht normgerechter Sprachformen zwar ein hinreichendes, jedoch kein notwendiges Kriterium ist. Es gibt Patienten und Therapeuten, deren Rede kaum von der genormten Hochsprache abweicht und dennoch als spontan bezeichnet werden muß. Das Befolgen der analytischen Grundregel allein gibt dem analytischen Gespräch seinen spontanen Charakter, in dessen Gefolge auch nicht normgerechte Sprachformen auftreten können. In diesem Zusammenhang sind für einzelne Patienten und Therapeuten spezifische Regularitäten bei der abweichenden Sprachverwendung festzustellen. Das folgende Beispiel stammt von einem Patienten, der während seiner ganzen, 350 Stunden umfassenden Behandlung ähnliche Sprachproben hervorbrachte:

A: mhm.

P: eben vielleicht auch, weil ich dann irgendwie dann sofort dieses - irgendwie mich in diese Rolle zurückziehe und irgendwas - was soll's oder - ich meine, ich - oder in dem Sinne - die Belastung oder so, die muß ich ja - muß ich eben doch selber auf mich nehmen, ja?

A: was vermeiden Sie dadurch wohl, daß Sie es allein tragen?

Die Teilnehmer an einem psychoanalytischen Gespräch haben räumlichen Kontakt: **+rkon**. Wahrnehmungen aller Art innerhalb des Raumes können damit zum Gesprächsgegenstand werden und eine für den weiteren Verlauf durchaus bedeutsame Funktion übernehmen. Der folgende Gesprächsausschnitt zeigt, wie vom Patienten eine visuelle Wahrnehmung im Rahmen eines Abwehrmechanismus aktualisiert und verbalisiert wird.

A: ja. aber im momentanen Zusammenhang geht es doch darum, daß

Sie für Ihren Mann selber eine Einschränkung hinnehmen, daß seine Erektion zu ihrer Schwäche wird.

P: haben Sie mit der Lampe Fußball gespielt?

A: welche Lampe?

P: die Stehlampe, ich möchte Sie mal richtig arbeiten sehen am Schreibtisch. Arbeit ist bei mir immer mit dem Schreibtisch verbunden. ich möchte sehen, was Sie für Eigenarten haben beim Denken.

Mit der Personalisierung des Bauches wird in dem folgenden Ausschnitt eine akustische Wahrnehmung als Zeichen herausgearbeitet. Gleichzeitig ist es ein Beispiel dafür, wie eine nichtsprachliche Äußerung des Patienten verbalisiert und damit auch in einem Transkript faßbar wird:

P: jetzt hab ich doch was Anständiges zu Mittag gegessen, damit mein Bauch nicht wieder knurrt. aber das kümmert den gar nicht.

A: Sie lassen mich verhungern.

P: mit dem Verhungern - da fällt mir gerade ein, das hab ich mir früher immer vorgestellt. wenn mir was nicht gepaßt hat, dann wollte ich immer in den Hungerstreik treten. ich wollte immer die anderen damit bestrafen, daß ich furchtbar dünn werde, damit sie sich nur ja Sorgen machen.

A: nun, hier verschafft der Hunger auch die Aufmerksamkeit, denn das ist unüberhörbar.

Aufgrund der besonderen Anordnung der Gesprächspartner zueinander besteht kein Blickkontakt. Hier liegt ein wesentlicher Unterschied zum psychotherapeutischen Gespräch, bei dem sich Patient und Therapeut gegenübersitzen. "Besteht ein 'face-to-face'-Kontakt zwischen den Partnern, können nicht verbale Reaktionen den Sprecher veranlassen, während seiner Äußerung seine Einschätzung des Hörers zu revidieren und den weiteren Verlauf seiner Äußerung dementsprechend zu organisieren" (HENNIG und HUTH 1975 S.110). Mit dem Merkmal **+vkon** wird, in Erweiterung des Vorschlags von SANDIG, das Vorhandensein eines 'face-to-face'-Kontaktes in einer Gesprächssituation angegeben. Die asymmetrischen Blickverhältnisse während eines psychoanalytischen Gesprächs, bei denen der Therapeut den Patienten sehen und damit auch dessen 'Körpersprache' aufnehmen kann, werden mit **vkon** beschrieben. Auch dazu zwei Beispiele: Zunächst eine Situation, in der der Therapeut den Patienten beobachtet und seine Wahrnehmungen in das Gespräch einbringt:

A: ja, und wenn man dann mal genauer hinguckt, sieht man, daß jede Menge Sie beschäftigt, daß Sie das Zimmer begucken.

P: und da können Sie ungeheuer viel mit anfangen.

Der Entzug des Blickkontaktes zum Therapeuten wird in der folgenden Patientenäußerung angesprochen:

P: ich hab's vielleicht nie richtig gesehen, weil ich's mir nie richtig getraue, dahin zu gucken, aber bei Ihnen habe ich immer das Gefühl, Sie bleiben schneeweiß und kühl.

Verbalisierungen dieser Art widerlegen im übrigen Untersuchungsergebnisse, wonach Tonaufnahmen von Gesprächen in der Couch-Position von solchen in der Stuhl-Position nicht voneinander zu unterscheiden seien (TAUSCH 1973 S.43). Hier kommt die Frage auf, inwieweit solche, durch die äußere Situation bedingten Sprachunterschiede einen Einfluß auf den Behandlungsverlauf haben. Eine ebenfalls von TAUSCH erwähnte Untersuchung zeigt, daß zwischen der äußeren Situation (Couch-Position vs. face-to-face-Position) und dem Ausmaß der Änderung konstruktiver Persönlichkeitsmerkmale bei den Patienten kein Zusammenhang besteht (a.a.O. S.77). Angesichts der Sprachunterschiede sind hier sicherlich weitere Untersuchungen angezeigt.

Das psychoanalytische Gespräch findet in einer zeitlichen Kontinuität statt: **+zkon**. Besondere sprachliche Formen des Gesprächsanfangs sowie des Gesprächsendes sind zwar durch die Begrüßung bzw. die Verabschiedung gegeben, aber weder typisch noch bedeutend für den Verlauf des Gesprächs: **anfa** und **ende**. Völlig frei ist der Gesprächsaufbau: **-aufb**. Der Grundregel entsprechend ist auch kein Thema festgelegt: **-them**. Die Interaktion von Therapeut und Patient erfolgt üblicherweise in der 2. Person unter Einschluß aller Tempora. Der Patient gebraucht daneben in weitaus stärkerem Maße als der Therapeut die 1. Person und in ähnlichem Ausmaß wie der Therapeut die 3.

Person. Gelegentlich taucht auch der Imperativ auf, kann aber nicht als typisch betrachtet werden. Damit läßt sich das folgende Merkmalsbündel angeben: **+1per**, **+2per**, **+3per** und **impe**.

Das psychoanalytische Gespräch weist unter anderem durch den Gebrauch von Ellipsen ökonomische Formen auf: **+ökon**. Redundanz ist in unterschiedlich starkem Maße vorhanden und sehr an die jeweiligen Teilnehmer gebunden. Andererseits können sich zur Redundanz beitragende Phänomene wie das Wiederholen von Syntagmen oder Syntagmenteilen im Laufe der Behandlung verändern. Redundanz ist kein typisches Merkmal für das psychoanalytische Gespräch: **redu**. Hingegen ist, trotz des eingangs erwähnten Zitats von FREUD, das psychoanalytische Gespräch auch von anderen als nur sprachlichen Mitteln geprägt: **-nspr**. Hierunter fallen unter anderem die paralinguistischen Phänomene (s. MAHL 1956, 1958, 1961; ZIMBARDO et al. 1963), das Schweigen (s. CREMERIUS 1969; BRÄHLER und ZENZ 1974; BRÄHLER, 1978) und Körperbewegungen (s. DEUTSCH 1952; MAHL 1977).

Patient und Therapeut sind in dem Gespräch, das sie miteinander führen, nicht gleichberechtigt: **-part**. Das zeigt sich an äußeren Formen: der Patient kommt zum Therapeut und nie umgekehrt; der Patient bezahlt für das Gespräch; der Patient liegt während des Gesprächs, der Therapeut sitzt. Aber auch inhaltlich zeigt sich die ungleiche Lage: der Patient denkt und spricht über sich selbst, der Therapeut denkt und spricht über das vom Patient Gesagte. Einen deutlichen Niederschlag findet dieses Mißverhältnis bereits in der Zahl der geäußerten Wörter, die beim Patienten um ein Drittel höher liegt (KÄCHELE 1983).

Tabelle 1.3 faßt die Merkmale für das psychoanalytische Gespräch nochmals zusammen. Zum Vergleich wurden noch vier weitere Textsorten ohne weitere Erörterung aufgenommen. Eine Gesamtübersicht für alle in der ULMER TEXTBANK verwalteten Textsorten (z. Zt. 34 verschiedene) gibt Tabelle 2.1 in Kapitel 2.3 dieser Arbeit. Übereinstimmend mit SANDIG kann gesagt werden, daß eine solche Charakterisierung einer Textsorte sehr grob ist. Eine Verfeinerung des Merkmalsrasters dagegen würde die rasche Aufnahme der durch die Merkmale vermittelten Information über vorgelegte Textsorten erschweren.

	Psychoanalyse	Psychotherapie	Gruppentherapie	Berichte	Erstinterview
gesp	+	+	+	-	+
spon	+	+	+	-	
mono	-	-	-	+	-
tdia	-	-		-	-
rkon	+	+	+	-	+
akon	+	+	+	-	+
vkon		+	+	-	+
zkon	+	+	+	-	+
anfa					
ende			-	-	
aufb	-	-	-	-	-
them	-	-	-	+	
1per	+	+	+	+	+
2per	+	+	+	-	+
3per	+	+	+	+	+
impe				-	
temp	+	+		+	
ökon	+			-	
redu			+	-	
nspr	-	-	-	+	
part	-			-	-

Zur Gruppentherapie zählen hier auch: Balintgruppe, Paartherapie und Familientherapie.

Tabelle 1.3 Einige wichtige Textsorten aus der ULMER TEXTBANK

1.6 Zur Transkription von Gesprächen

Die zur Transkription der Tonbänder erarbeiteten Regeln weichen von den sonst üblichen (s. BAUSCH 1971; KLANN-DELIUS 1981) erheblich ab. Die Begründung ergibt sich aus den im folgenden näher ausgeführten Prinzipien einer Transkription für Zwecke der Psychoanalyseforschung.

1. Die morphologische Natürlichkeit der Transkripte. Die graphematische Darstellung der Wortformen, die Schreibweise von Abkürzungen und Kommentaren sowie die Verwendung von Satzzeichen soll der allgemein üblichen Darstellung und Handhabung in geschriebenen Texten möglichst ähnlich sein.

2. Die strukurelle Natürlichkeit der Transkripte. Schrifttyp, Papierformat und Blattaufteilung sollen den sonst üblichen Schriftstücken möglichst ähnlich sein. Sprecherkennungen müssen den Text klar strukturieren.

Die Forderung nach morphologischer und struktureller Natürlichkeit der Transkripte erfolgt im Interesse des behandelnden Arztes sowie des ohne Computerunterstützung arbeitenden Forschers. Der Arzt erhält von jedem Transkript eine Mehrfertigung, die er zur Therapiekontrolle - also im Sinne seiner klinischen Aufgabe - verwendet. Der Forscher benutzt die Transkripte für seine Untersuchungen. Für beide ist es wichtig, das Transkript leicht und damit schnell in der gewohnten Art und Weise lesen zu können. Dem steht beispielsweise eine Markierung eingeschobener Hauptsätze entgegen. Die Aufmerksamkeit des Lesers würde durch syntaktische Erwägungen von der semantischen "Spur" abgelenkt.

3. Die originalgetreue Wiedergabe durch das Transkript. Der beim Übergang von einer akustischen zu einer schriftlichen Darstellung eines Gespräches nicht zu vermeidende Informationsverlust soll so gering wie möglich gehalten werden.

Diese Forderung kann teilweise durch ausführliche, jedoch normierte Kommentierung, durch graphematische Darstellung lexikalisch nicht belegbarer Geräuschlaute und Interjektionen sowie durch festgelegte Schreibweisen für Abweichungen von den Normen der Hochsprache erreicht werden.

4. Universalität der Transkriptionsregeln. Die für die Transkription gültigen Regeln sollen sowohl für den menschlichen als auch für den maschinellen Bearbeiter geeignete Trans-

kripte ermöglichen.

Diese Forderung steht teilweise im Gegensatz zu der Forderung nach morphologischer und struktureller Natürlichkeit der Transkripte. Hier müssen Kompromisse gesucht werden.

5. Vollständigkeit der Transkriptionsregeln. Transkripte sollten ausschließlich mit den dafür vorgesehenen Regeln erstellt werden können.

Die Forderung nach Vollständigkeit bedeutet in erster Linie, daß so wenig wie möglich von der Sprachkompetenz eines Transkribenten in Anspruch genommen wird, da diese bis heute nicht formal beschrieben werden kann und von Person zu Person stark variiert. Beispielsweise sollten Transkriptionsregeln nicht zu syntaktischen Überlegungen, wie die der oben erwähnten Einbettung eines Hauptsatzes zwingen.

6. Unabhängigkeit der Transkriptionsregeln. Die Transkriptionsregeln sollen sowohl vom Text als auch vom Transkribenten unabhängig sein.

Es ist dabei an eine Austauschbarkeit der Transkribenten gedacht. Dies wäre nicht der Fall, wenn sich ein Transkribent während seiner Arbeit weitere Regeln ausdenkt und anwendet. Außerdem sollen Transkriptionsregeln für alle zu einem Textkorpus gehörenden Textsorten anwendbar sein.

7. Intellektuelle Simplizität. Die Transkriptionsregeln müssen leicht und schnell erlernbar sein. Ihre Anzahl soll gering sein.

Diese sieben Prinzipien stellen Ideale dar, die praktisch nicht erreicht werden können. Dazu kommt, daß bei einer Transkription Fehler auftreten, die zufälliger Natur sind und vielerlei Ursachen haben. Unter anderen zählen hierzu technische Mängel an den Wiedergabegeräten, Umwelteinflüsse wie Störungen des Transkribenten durch Lärm sowie mangelndes Wohlbefinden des Transkribenten. Um diese Fehlerquellen möglichst gering zu halten, sollte der Transkribent allein in einem ruhigen Raum und ungestört (Schild "Bitte nicht stören") seiner Arbeit nachgehen können. Die Wiedergabegeräte sollten regelmäßig gewartet werden.

Daneben lassen sich systematisch Fehlerquellen feststellen. Sie liegen hauptsächlich in der Person des Transkribenten verankert. Dazu zählen die für eine Person spezifischen Hörfehler, Vorlieben für bestimmte syntaktische Konstruktionen oder Vorstellungen über bestimmte semantische Abläufe, da für den Transkribenten vom Original abweichende Präsuppositionen gültig sein können.

Systematische Untersuchungen über Transkriptionsfehler sind bisher nicht bekannt geworden. Um einen informellen Eindruck zu erhalten, wurde jedoch anläßlich der Einstellung einer neuen Schreibkraft im Rahmen der Bewerbungsgespräche zehn Bewerbern dasselbe Band zur Transkription vorgegeben. Das Ergebnis waren zehn zum Teil sehr verschiedene Texte. Das folgende Beispiel zeigt eine Gegenüberstellung von Auszügen aus den Transkripten von vier verschiedenen Transkribenten:

heut morgen hab ich gedacht, es wär wieder gut könnt
heute morgen hab ich gedacht, sei wieder gut könnt
heute morgen hab ich gedacht es wär wieder gut, könnte
heutmorgen hab ich gedacht bin wieder gut, könnt

es war ein sexueller Traum. da haben Sie, dann hab
es war ein sexueller Traum. haben Sie, dann hab
es war ein sexueller Traum. dann hab
das war ein sexueller Traum. Sie haben sich - dann hab

Da systematische Fehler nur schwer entdeckt und damit abgebaut werden können, sollten wenigstens einige äußere Kriterien erfüllt werden, so daß sie nicht zu sehr ins Gewicht fallen. Dazu zählt vor allen Dingen, daß eine bestimmte Patient-Therapeut-Konstellation nur von ein und derselben Schreibkraft transkribiert wird, und daß auch keine anderen Texte zwischendurch geschrieben werden. Damit wird der systematische Fehler zwar nicht eliminiert, aber er wird annähernd konstant und kann bei der Beschreibung eines Behandlungsverlaufes als stets gleich beeinflussende Größe (die untersuchten Variablen lassen ja im Gegensatz dazu eine Veränderung über die Zeit erwarten) vernachlässigt werden. Wechseln die Schreibkräfte - und das läßt sich bei den sich über Jahre hinwegziehenden Behandlungen oft nicht vermeiden - so kann bei einer Verlaufsbeschreibung nicht mit Sicherheit angegeben werden, ob festgestellte Veränderungen auf die Behandlung oder auf die Transkription zurückzuführen sind. Es ist daher unumgänglich, falls ein Wechsel nicht zu vermeiden ist, bei den Transkripten zu vermerken, wer sie erstellt hat.

Ein weiterer Weg die Objektivität des transkribierten Textmaterials zu erhöhen, ist das Kontrollhören, das von einer anderen Person als dem Transkribenten vorgenommen werden muß. Abbildung 1.3 zeigt eine kontrollgehörte Seite aus einem Verbatim-Protokoll.

Eine Umsetzung der oben ausgeführten Prinzipien stellen die vom Autor dieser Arbeit für die ULMER TEXTBANK erarbeiteten Regeln dar. Sie sind im Anhang A abgedruckt.

1.7 Zur Analyse sprachlicher Daten

Es liegt nun gut ein Jahrzehnt zurück, daß psychoanalytische Behandlungen erstmals anhand zahlreicher Verbatim-Protokolle systematisch untersucht wurden. Bei der Auswahl der Untersuchungsinstrumente standen insbesondere die empirischen Sozialwissenschaften Pate (s. LISCH und KRIZ 1978; MERTEN 1983). Das quantitative Verfahren der Inhaltsanalyse, dort anfänglich auf kleinste Textmengen und einfachste Kategorienstrukturen angewendet, sollte hier aus umfangreichem Sprachmaterial komplexe Konstrukte ermitteln. Angesichts des enormen Kodierungsaufwandes konnte der Schritt zur Computerunterstützung (MOCHMANN 1980) nicht ausbleiben, genausowenig allerdings - wie sich im

TEXT: 001800 EINHEIT: 14 *NICHT KORREKTURGEHOERT* 13

*

P: was denk ich mir dann, denn [T/hmhm P/] ich trink an sich ja sehr gerne, [und=] allerdings nicht tagsüber, das ist eigenartig, da hab ich überhaupt nicht das Verlangen danach, aber abends.

136784 T: ja, warum soll [nicht auch äh soll] das nicht auch was Gutes haben, daß man auch einen gewissen Schutz sucht gegen allzu große Abhängigkeit, [nicht? das ist= P/hmhm T/] warum soll das nicht was Gutes haben, nicht?

136785 P: ja, aber wenn ich dann nachgebe, [T/hmhm P/] wer weiß, wo das +hinführt [T/ja hmhm + P/] da draußen liegt so ein Merkblatt, [T/hmhm P/] so ein Fragebogen, [T/hmhm P/] den jemand ausfüllen muß.

136786 T: [wa- warum soll=] ich meine, was ich [ja sage=] sagen will ist, [daß äh] daß Sie [äh da] auch da schon [auch] wieder eine Neigung haben, das was Sie aufgebaut haben [auch als] an Schutz gegenüber, Beunruhigungen des Lebens, und auch als Schutz gegen eigene, als wär das so schon auch [gleich] wieder was Schlechtes. ----

136737 P: [(holt tief Luft)] immer wieder reißt mir der Faden, [T/hmhm P/] das ist zum Verrücktwerden [T/hmhm P/ als] wer der Schutz, den ich aufgebaut hab=

136788 t: gleich auch was Miserables, nicht wahr, daß Sie, [daß Sie] den Schutz nur haben, um [um um äh] ganz ganz schlimme Sachen zu [äh] vermeiden.

Abbildung 1.3 Auszug aus einem kontrollgehörten Verbatim-Protokoll

Nachhinein bekanntlich immer leicht feststellen läßt - eine zunehmende Unzufriedenheit mit den Ergebnissen. Der anfängliche Zauber des Computers fing an, nach und nach zu verblassen. Es sollte sich zeigen, daß die Realität weit hinter den Erwartungen zurückblieb. So nimmt es nicht Wunder, wenn mittlerweile der Trend zu qualitativen sprachwissenschaftlichen Verfahren geht, wie etwa das der Konversationsanalyse (s. KALLMEYER und SCHÜTZE 1976; HENNE und REHBOCK 1979). Dem kommt weiter entgegen, daß die Linguistik die gesprochene Sprache als Untersuchungsgegenstand wieder entdeckt hat und Anwendungsfelder wie das der Psychotherapie sucht (s. LABOV und FANSHEL 1977; FLADER 1978; FLADER und WODAK-LEODOLTER 1979; FLADER, GRODZICKI und SCHRÖTER 1982; FLADER und KOERFER 1983).

Umbruchsituationen wie diese bilden andererseits immer eine gute Gelegenheit, eine Bestandsaufnahme durchzuführen, das Erreichte zu ordnen und zu dokumentieren. Gleichzeitig läßt sich abermals ein Blick über den Zaun werfen um, diesmal jedoch nicht bei den Sozialwissenschaften, sondern bei den neueren Wissenschaftsbereichen wie der Computerlinguistik oder der Informatik, nach Ansätzen zu suchen, die Lösungen der mittlerweile bekannten Probleme erwarten lassen. So stellt sich beispielsweise die Frage, ob die bis heute verfügbaren Programme zur syntaktischen Analyse des Deutschen, auch die gesprochene transkribierte Sprache hinreichend zufriedenstellend analysieren? Und wie weit können die Ansätze zur semantischen Analyse in der Informatik, sei es bei den Computerinformationssystemen, der künstlichen Intelligenzforschung oder der Kognitionswissenschaft ihre Mikro- und Miniwelten verlassen und in eine Makrowelt wie die der Psychoanalyse Eingang finden?

Die Erforschung psychotherapeutischer Gespräche ist bis heute eine der wenigen wissenschaftlichen Disziplinen, bei denen die Sprache des realen und nur von der Performanz gekennzeichneten Sprechers den zentralen Untersuchungsgegenstand bildet. Dessen Sprache weicht jedoch erheblich ab von der Kompetenz eines idealen Sprechers, dem bis heute erhaltenen Leitbild vieler Linguisten und linguistischer Datenverarbeiter. Nicht selten wird von "Anomalien" bei Phänomenen wie Wort- und Satzabbrüchen, auffälligen syntaktischen Konstruktionen, ungewöhnlichen Wortschöpfungen, Gedankensprüngen und vielem anderem mehr gesprochen, was aus psychologischer Sicht eher den "Normalitäten" sprachlichen Handelns entspricht. Schließlich sind es nicht zuletzt diese Phänomene, die bei der Erforschung des therapeutischen Prozesses einen wesentlichen Beitrag leisten können (s. MINSEL 1971).

1.8 Zur Taxonomie sprachlicher Daten

Zum Abschluß des ersten Kapitels soll noch in einer kurzen Abhandlung ein Entwurf zur Taxonomie sprachlicher Daten vorgestellt werden. Am Beispiel des psychoanalytischen Gesprächs werden ergänzend einige Anwendungsmöglichkeiten aufgezeigt. Darüber hinaus waren diese Überlegungen maßgebend für den Systementwurf des Textbankverwaltungssystems.

Ausgehend von einer semiotischen Sicht der Sprache wie sie auf PEIRCE, dem Begründer der Semiotik, und die weiterführenden Arbeiten MORRIS' zurückgeht, wird sie als ein System von Zeichen verstanden, dessen Aufbau nach Regeln erfolgt, denen die Beziehung zwischen Form und Inhalt zugrunde liegt (WALTHER 1969). Dementsprechend lassen sich **formale, grammatische** und **inhaltliche Maße** unterscheiden. Jedes dieser Maße kann weiterhin noch dahingehend unterteilt werden, ob es am Text eines Sprechers oder am gesamten sprachlichen Geschehen eines Gespräches, dem Dialog, erhoben werden kann. Entsprechend kann von **monadischen** oder **dyadischen** Kennwerten gesprochen werden. Als drittes schließlich lassen sich die Maße noch bezüglich der Art der sie konstituierenden Daten unterscheiden. Am bekanntesten sind einfache Auftretenshäufigkeiten. Auf ihnen bauen Verhältniszahlen und schließlich Verteilungsmaße auf.

Bei der hier vorgenommenen Unterscheidung ist noch zu bemerken, daß zu den formalen und grammatischen Maßen auch Ansätze gezählt werden, die ganz oder teilweise inhaltliches Wissen, etwa zur denotativen Bedeutung eines Wortes, voraussetzen. Die Opposition zu den inhaltlichen Maßen ist nach der hier zugrunde gelegten Definition dadurch gegeben, daß das benötigte Wissen nicht dem Anwendungsbereich eines Forschungsvorhabens, also hier der Psychoanalyse, sondern dem Methodenbereich, also der Linguistik oder Informatik entspringt.

Die **formalen Maße** lassen sich im allgemeinen auf einfache Art und Weise ermitteln. Bei computergestützten Ansätzen bedarf es lediglich der Fähigkeit zur Segmentierung einer Zeichenfolge (Buchstaben, Ziffern und Sonderzeichen) zu Wortformen und Satzzeichen. Der Programmieraufwand ist gering. Präcodierungen, also das Einspeichern von Wissen ist fast überhaupt nicht nötig. In Tabelle 1.4 ist eine Auswahl solcher formalen Maße zusammengestellt, jeweils mit einem Schlagwort versehen, das einen Eindruck von der Verwendbarkeit vermitteln soll.

Textumfang (Token)	Aktivität
Wortschatz (Types)	
Typ/Token-Ratio	Effizienz
Redundanz	Simplizität vs. Komplexität
Distanzmaße	Variabilität, Flexibilität
Clustermaße	Fixierung, Fokussierung
Filtermaße	Kontinuität
Sprecherwechsel	Dynamik Rigidität

Tabelle 1.4 Taxonomie sprachlicher Daten - Formale Maße (Auswahl)

Das einfachste und zugleich elementarste formale Maß ist der Textumfang. Die damit verbundene verbale Aktivität hat KÄCHELE (1983) untersucht. Er konnte zeigen, daß in einer klinisch zufriedenstellend verlaufenden psychoanalytischen Behandlung die interaktionelle Regulation der verbalen Aktivität zu einer flexiblen Nutzung des Freiraumes durch die Patienten führte, während bei einer zweiten Behandlung der Patient nur langsam seine verbalen Entfaltungsmöglichkeiten umzusetzen verstand. Den Textumfang als Maß der Aktivität des Therapeuten verwenden auch O'DELL und WINDER (1975) um therapeutische Techniken zu differenzieren. Sie benennen für die analytische Therapie sieben Prozent, für die eklektische Psychotherapie 31% Redeanteil. Auch ZIMMER und COWLES (1972) ermitteln signifikante Unterschiede, wobei sie ihre Untersuchung auf dieselbe Patientin bei drei Therapeuten verschiedener Orientierung beziehen. PEPINSKY (1979) zeigt am gleichen Datenmaterial, daß die Ausprägung der Aktivität der Therapeuten den Klienten in ähnlicher Weise beeinflußt, d. h., die Sprechaktivität des Patienten paßt sich der des Therapeuten an: "... a convergence of the client toward the level of talk manifested by the therapist" (a.a.O. S.7).

Die Untersuchung von Wortsystemen bei Familien als Mittel der Psychotherapieforschung hat APHEK (1982) vorgeschlagen. Sie unterscheidet zwei Sichtweisen: "The first, objective, i.e., the way in which the researcher who comes from outside of the family views the communication; the second, subjective, the way in which the members of the family themselves comprehend the messages being communicated within the family" (a.a.O. S.24). Ähnliche Fragestellungen für die dyadische Situation verfolgt WODAK (1981).

Eine Anlayse der Auftretenshäufigkeit ausgewählter sprachlicher Einheiten erlaubt es, Äußerungen mit pathologischen Abweichungen zu identifizieren und so das Vorhandensein und die Stadien des Krankheitsverlaufs bei psychotisch Kranken zu beurteilen (s. PASKOVSKIJ und SREBRJANSKAJA 1971 zitiert nach ALEKSEEV 1984 S.19). Die Vielfalt und Variabilität des Wortschatzes (Wortwahlabwechslung) als formalem Maß hat schon in den vierziger Jahren mit der Einführung der Type/Token-Ratio in die Psychotherapieforschung durch JOHNSON und MANN für geraume Zeit großes Interesse gefunden. Der damalige Forschungsimpuls ging von dem Interesse an den sprachlichen Produktionen schizophrener Patienten aus. In der Folge unterlag dieses Maß vielen Diskussionen, bei denen eine Reihe von Schwächen und Unzulänglichkeiten herausgestellt wurden. Die quantitative Linguistik kann heute mit weiteren Erkenntnissen insbesondere zur Häufigkeitsstruktur, Wiederholungsstruktur, Kookkurrenz und Längenrelation (KÖHLER 1983) aufwarten und stabilere Gesetze anbieten (ALTMANN 1978; ALTMANN und KIND 1982; GUITER und ARAPOV 1982; KÖHLER und ALTMANN 1983; KÖHLER 1984), jedoch haben bisher noch keine Anwendungen auf psychotherapeutische Texte stattgefunden.

Die Redundanz eines Textes ist ein Maß aus der Informationstheorie. SPENCE (1968) hat dazu, ohne es selbst empirisch überprüfen zu können, sehr inhaltsreiche Überlegungen, wie etwa zur psychodynamischen Redundanz, angestellt. Außerdem hat er eine ganze Reihe von Hypothesen zum Verlauf der Redundanz in psychoanalytischen Behandlungen formuliert. Eine davon, nämlich daß die Redundanzwerte des Patienten im Verlauf seiner Behandlung zunähmen, konnten KÄCHELE und MERGENTHALER (1984) bestätigen. Hingegen blieben die Werte des Therapeuten konstant.

Eine Studie von SCHWARTZ (1980) widmete sich der "Konkretheit" von Patientenäußerungen. Sie verwendete eine Liste "konkreter" Wörter von TOGLIA und BATTIG (1978) und hat sie an einem Psychoanalysekorpus (DAHL 1979) computerunterstützt ausgezählt. Eine sich anschließende statistische Auswertung konnte jedoch keine Klarheit schaffen, ob mit diesem Maß verläßlich Patienten differenziert werden können. Für das Deutsche haben GÜNTHER und GRÖBEN (1978) das Abstraktheitssuffix-Verfahren entwickelt, dessen Validität auch Rating-Verfahren übertreffen soll. Eine Anwendung auf Psychotherapietexte ist bisher nicht bekannt worden.

Sprecherabfolgen haben BRUNNER und MERGENTHALER (1981) herangezogen um stereotype Kommunikationsmuster in Familien aufzuzeigen. An den Verbatimprotokollen mehrerer Beratungsgespräche ließen sich damit spezifische Familiensysteme beschreiben. Weitere formale Charakteristiken zu Gesprächen mit mehreren Sprechern geben BODMER (1981) und DREWEK (1984). Nach wie vor formal jedoch unter Einbeziehung inhaltlicher Variablen ist der Vorschlag von TRAUE (1979) zur Beschreibung von Interaktionen in Zweiergesprächen. Eine Verallgemeinerung für mehrere Sprecher geben MERGENTHALER, NAFE und TRAUE (1984).

Die **grammatischen Maße** setzen vom Bearbeiter linguistische Kenntnisse über die untersuchte Sprache voraus (z. B. Grammatik der deutschen Sprache). Programmier- und Präcodieraufwand bei computergestützten Verfahren sind beträchtlich. Ja, viele Fragestellungen sind bis heute überhaupt noch nicht fehlerfrei automatisch zu bearbeiten. Als Beispiel sei die Lemmatisierung erwähnt, die je nach Textsorte zwischen 50 und 95% aller Wortformen dem richtigen Lemma zuordnen kann. Dabei liegt das psychoanalytische Gespräch, als Vertreter gesprochener und spontaner Sprache, mit all seinen defizienten Erscheinungen wie Wortabbruch und Satzabbruch am unteren Ende dieser Skala. Entsprechend liegen kaum computergestützte Arbeiten mit grammatischen Maßen an psychoanalytischen Texten vor. Tabelle 1.5 zeigt eine Auswahl solcher Maße.

Die Wortartenverteilung ist von LORENZ und COBB (1954) verwendet worden, um Patienten verschiedener psychotischer Krankheitsbilder zu unterscheiden. Es zeigte sich, um ein Beispiel zu nennen, daß Neurotiker mehr Verben, jedoch weniger Konjunktionen als eine zum Vergleich herangezogene Normalpopulation benutzten. Wie EISENMANN (1973) für Konjunktionen zeigen konnte, müssen, zumindest für das Deutsche, weitere Variablen beachtet werden: "Der Gebrauch einzelner Konjunktionen ist am stärksten von der Landschaft, am zweitstärksten vom Geschlecht, am drittstärksten vom Alter und am viertstärksten von der Sprachschicht bestimmt" (a.a.O. S.407).

Die Abhängigkeit der Wortwahl im Hinblick auf Wortart und semantische Klasse wurde von BUSEMANN (1925) bei Untersuchungen an der Kindersprache aufgezeigt. Im Hinblick auf Verben bzw.

Interjektionen		Noise
Wortarten		Kognitive Struktur, Rollenverteilung
	Verb	Aktion, dynamisch
	Substantiv	Sachverhalt, statisch
	Adjektive, Adverbien	Eigenschaften, modal
	Pronomina	Bezüge
Sätze		
	Nebensätze	Komplexität
	Relativsätze	Verschachtelungstiefe
	Ja-Fragen	Stützen, Bestätigen
	Nein-Fragen	
	Satzbrüche	
	Fragesätze	Exploration
Phrasen		
	Nominalphrasen	
	Verbalphrasen	
	Präpositionalphrasen	
Passivformen		
Tempus		
	Gegenwart	
	Vergangenheit	
	Zukunft	
Deskriptivitätsgrad		
	Simplex	Allgemeinheit
	Kompositum	vs. Spezifität
Mehrdeutigkeit		
	pronominal (z.B. es)	
	syntaktisch	
	lexikalisch	
Minderung/Steigerung		Emotion, Affekt
Interjektionen/Textumfang		
	Verb/Adjektiv	
	Nebensatz/Hauptsatz	
	Indikativ/Hauptsatz	
	Phrasen/Sätze	

Tabelle 1.5 Taxonomie sprachlicher Daten - Grammatische Maße (Auswahl)

Adjektive sprach er von einem "aktiven" und einem "qualitativen" Stil. Er konnte zeigen, daß diese Stilunterschiede nur geringfügig von dem berichteten Inhalt abhängen und vielmehr zu den Persönlichkeitsvariablen zu zählen sind. MERGENTHALER und KÄCHELE (1985) haben mit einem computerunterstützten Ansatz an dem Text zu einer psychoanalytischen Behandlungsstunde gezeigt, daß die Realisation einer Wortform im Textgefüge durchaus von dem berichteten Inhalt abhängen kann. Diese mikroanalytische Sicht schließt jedoch nicht aus, daß auf einer Makroebene gesehen, persönlichkeitsbedingte Variablen sensu BUSEMANN wirksam sind. Der Gebrauch von Funktionswörtern und Artikeln bei Psychotikern konnte, einer Untersuchung von BURNER (1984) zufolge, dazu beitragen zwischen offenen und verdeckten Wahnvorstellungen zu unterscheiden.

Der Verb/Adjektiv-Quotient, von BODER (1940) in Anlehnung an BUSEMANNs "Aktionsquotienten" eingeführt, wurde von WIRTZ und KÄCHELE (1983) auf Erstinterviews von drei verschiedenen Therapeuten angewendet. Sie stellen fest, daß damit ein differentielles Maß für den Sprachstil der Therapeuten, aber auch für Unterschiede zwischen Geschlecht und Diagnose, vorliege.

Die Passivformen wurden von BEERMANN (1983) an Transkripten aus vier psychoanalytischen Behandlungen untersucht. "Folgt man den quantitativen Ergebnissen, so muß zunächst festgestellt werden, daß die Formen des Passivs so vielfältig verwendet werden können, daß sich auf dieser Ebene kein Zusammenhang, der das Passiv als <u>die</u> Kategorie des neurotischen Sprechmusters ausweist, herleiten läßt" (a.a.O. S.92). Allerdings läßt sich ergänzend aus ihren Daten herauslesen, daß für die meisten der untersuchten Passivvariablen die vier Patienten am Schluß ihrer Behandlung ähnlichere Werte aufweisen als zu Beginn. Es kann angenommen werden, daß für gesunde Sprecher eine Bandbreite existiert, innerhalb derer sie sich insbesondere beim Gebrauch grammatischer Phänomene bewegen, während Neurotiker sowohl nach oben als auch nach unten - wohl in Abhängigkeit ihrer Krankheitsbilder - abweichen können. Die psychoanalytische Behandlung dürfte so gesehen zu einer "Normalisierung" beitragen.

Die Bedeutung von Personalpronomina für die sprachliche Gestaltung von Objekt- und Selbstbeziehungen ist bereits mehrfach aufgegriffen worden. Hier kann auf Arbeiten verwiesen werden, die an Sprachmaterial aus der ULMER TEXTBANK vorgenommen wurden: SCHAUMBURG (1980); CIERPKA (1982); KRUG und KÖHLE (1982).

Abweichungen und Änderungen in der Endgraphie von Textwortformen hat WILLEE (1984) dazu herangezogen, um Texte von Jargon-Aphatikern zu vergleichen. Die Ergebnisse lassen erwarten, daß damit Rückschlüsse auf die Sprechabsicht des Aphatikers sowie auf dessen Restsprachvermögen gezogen werden können.

Themen	
Trennung	Angstthemen
Kastration	
Schuld	
Beschämung	
Angst	
Dogmatismus	Denkstil
Selbst, Andere	Objektbeziehung
Positives, Negatives	Affektbalance
Primitive Konzepte	Kognitive Strukturen
Sprechakte	
Klarifikation	Technik
Konfrontation	
Exploration	
Interpretation	
Discomfort/Relief-Quotient	
Themenverbund	
Selbst + Positives/Äußerung	
Selbst + Negatives/Äußerung	
Themenkonstanz bei Sprecherwechsel	
Therapeut wechselt Thema	Selbstkonzept

Tabelle 1.6 Taxonomie sprachlicher Daten - Inhaltliche Maße (Auswahl)

Tabelle 1.6 zeigt eine Auswahl von **inhaltlichen Maßen.** Sie setzen neben dem vorgenannten Wissen spezifische Kenntnisse (Expertenwissen) einer Theorie aus dem Anwendungsbereich voraus. Computergestützte Verfahren können hier nur näherungsweise Ergebnisse liefern und bleiben auf eng umrissene Konstrukte begrenzt. Neuere Ansätze in der Informatik, insbesondere im Fachgebiet "Künstliche Intelligenz", könnten hier durch den Aufbau von Wissensbasen in Verbindung mit einem Regelsystem einen Durchbruch erbringen. Bisher sind erst zwei Ansätze - die allerdings die Regelkomponente stärker betonen - in der Literatur bekannt geworden (TELLER und DAHL 1981; CLIPPINGER 1974).

Der Hauptträger quantitativer inhalticher Meßmethoden war bisher die **Inhaltsanalyse.** Die am weitesten verbreiteten Skalen haben im Bereich der Psychotherapie GOTTSCHALK und GLESER (1969) bzw. GOTTSCHALK (1974) vorgelegt. Eine Übersicht findet sich bei KOCH (1984) wo auch GRÜNZIG und MERGENTHALER (1984) einen Exkurs über computerunterstützte Ansätze vorlegen. Einen Vergleich zwischen den Ergebnissen einer intellektuellen und einer computergestützten Methode geben LOLAS, MERGENTHALER und Von RAD (1982).

REYNES et al. (1984) verwendeten das "Regressive Imagery Dictionary" RID um zehn "Arbeitsstunden" mit zehn "Widerstandsstunden" eines Patienten aus einer Psychoanalyse zu vergleichen. Sie erhielten signifikante Ergebnisse, wobei die Arbeitsstunden vom Primärprozeß und die Widerstandsstunden vom Sekundärprozeß geprägt sind. Dies deckt sich mit Freuds früher Definition des Sekundärprozesses als demjenigen, der den Primärprozeß behindert. Widerstand ist eine Ausdrucksform des Sekundärprozesses.

Ein Überblick über weitere mit computergestützten Verfahren durchgeführte Untersuchungen gibt KÄCHELE und MERGENTHALER (1983, 1984). Weitere methodische Erörterungen zu diesen Maßen folgen dann im dritten Kapitel.

2 Das Textbankverwaltungssystem - ein integrativer Ansatz zur Unterstützung empirischer Forschung im Bereich der Psychotherapie.

Die Abteilung Psychotherapie zusammen mit der psychotherapeutischen Ambulanz sowie der Sektion für psychoanalytische Methodik haben neben den für universitäre Einrichtungen typischen Aufgaben der **Lehre und Forschung** als Teil des Universitätsklinikums die ambulante **Krankenversorgung** zu übernehmen. Gerade bei der Wahrnehmung dieser klinischen Aufgabe fallen eine Vielzahl von Daten an, die teils für die klinische Arbeit selbst, aber auch für die Aus- und Weiterbildung und für die Forschung benötigt werden. Bild 2.1 gibt einen ersten Überblick zur allgemeinen Dokumentation und Informationsverarbeitung an der Abteilung. Zugleich zeigt es den Endstand einer über Jahre hinweg schrittweise umgesetzten Integration aller beteiligten Aspekte zu einem weitgehend computergestützten Gesamtsystem. Entscheidend dabei ist, daß manuelle, intellektuelle aber auch automatisierte Tätigkeiten in der Gesamtsicht integriert sind. Entsprechend gilt dies für die Archive, die unabhängig davon, ob Aktenablage oder elektronischer Speicher, Bestandteil der Gesamtplanung sind. Dadurch konnte dem funktionellen Aspekt besondere Aufmerksamkeit geschenkt werden, in dessen Folge viel ursprünglich vorhandene Redundanz abgebaut wurde. Mittlerweile ist erreicht, daß jedes Datum nur einmal erhoben wird und anschließend, je nach Bedarf, dem Therapeuten für seine klinische Arbeit genauso zur Verfügung steht, wie dem mit Computerunterstützung arbeitenden Forscher.

Dieses Kapitel befaßt sich nun insbesondere mit den Eigenschaften des **Textbankverwaltungssystems** als einem der drei wesentlichen Prozesse in der Gesamtübersicht. Die **Datenerhebung** und das **Patientendokumentationssystem** werden an anderer Stelle beschrieben (s. KÄCHELE, HOHAGE und MERGENTHALER 1983; MERGENTHALER und HÖSSLE in Vorb.). Wichtig dabei ist jedoch, daß das Textbankverwaltungssystem sowohl auf Leistungen der Datenerhebung zurückgreift als auch Informationen aus dem Patientendokumentationssystem erhalten kann.

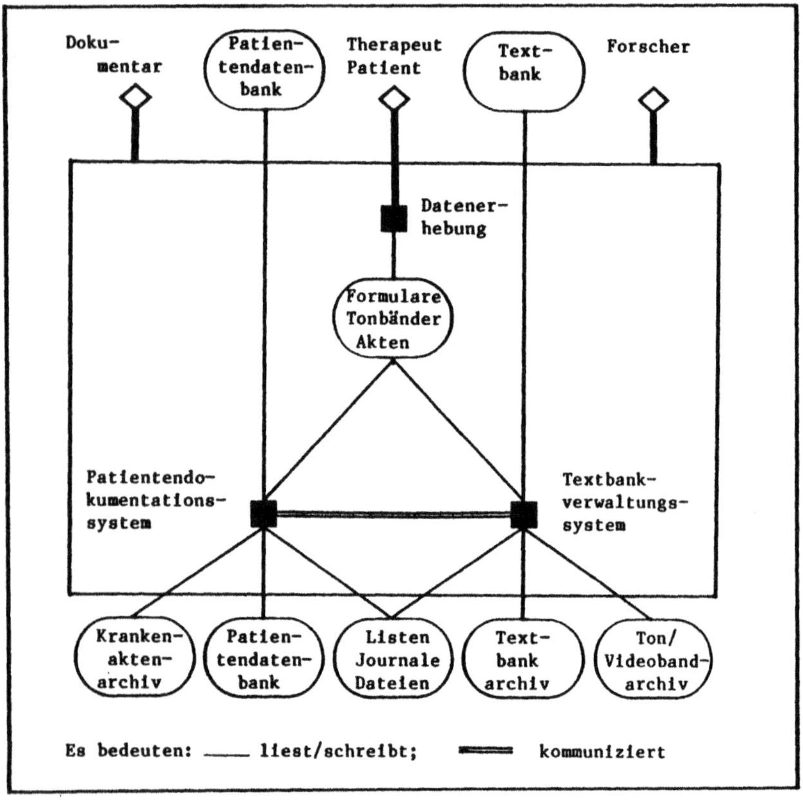

Abbildung 2.1 Übersicht zur Dokumentation und Informationsverarbeitung an der Abteilung Psychotherapie

2.1 Der Weg zur Textbank

Der Grundstein zur ULMER TEXTBANK wurde bereits 1968 gelegt, als an der Abteilung für Psychotherapie der Universität Ulm die ersten Tonbandaufnahmen von psychotherapeutischen Behandlungen erstellt wurden. Nach anfänglichen Auswertungen an den normalschriftlich transkribierten Gesprächen werden nunmehr seit neun Jahren die Texte in maschinenlesbarer Schrift transkribiert und mit Hilfe von computerunterstützten Methoden ausgewertet. Freilich häuften sich anfangs die Probleme bei diesen Arbeiten, da die seinerzeit verfügbaren Programme für derartig große Textmengen nicht ausgelegt waren. Das EVA-System (GRÜNZIG, HOLZSCHECK und KÄCHELE 1976), damals vom sozialwissenschaftlichen Seminar der Universität Hamburg übernommen, war "von Haus aus" zur Analyse von Schlagzeilen und Zeitungsannoncen ausgelegt. Erst eine gründliche Überarbeitung des Programmsystems, die zu der bis heute verwendeten Ulmer Version führte (MERGENTHALER und BÜSCHER 1979), gewährleistete einen problemfreien Einsatz dieser Methode.

Gleichzeitig war damit aber auch der Weg frei für fortführende Untersuchungen. Es wurden Verbatim-Protokolle weiterer psychoanalytischer Behandlungen erstellt, Erstinterviews wurden verschriftet. Motiviert durch vielerlei Fragestellungen wuchs schließlich ein Fundus an Gesprächsprotokollen heran, der deutlich werden ließ, daß er alsbald nicht mehr überschaubar sein würde. Wie konnte sichergestellt werden, daß dieses kostbare Material (die Verschriftung einer Behandlungsstunde benötigt je nach Qualität der Tonquelle und gefordertem Transkriptionsniveau zwischen acht und 35 Stunden) jederzeit auffindbar, gezielt auswählbar und ökonomisch verarbeitbar bleibt? Die zur Verfügung stehende Rechnertechnologie bot lediglich die Möglichkeit, Texte als Dateien auf externen Datenträgern abzuspeichern. Um für eine geplante Untersuchung ein Textkorpus anhand vorgegebener Kriterien zusammenzustellen, bedurfte es damit nicht nur eines guten Gedächtnisses, sondern auch umfangreicher EDV-Kenntnisse, um über Sprachmittel des Betriebssystems die gewünschten Textmengen zusammenzubringen. Es lag nahe, nach Lösungen zu suchen, die diese Arbeit ebenfalls dem Computer übertragen, nach Werkzeugen, die dem an der Psychotherapieforschung Interessierten zur Verfügung stehen, und deren Leistungen er über eine ihm verständliche und anwendungsorientierte Sprache steuern und erhalten kann.

Die Verwirklichung solcher Vorhaben ist Aufgabe der **angewandten Informatik**. Unter dem Oberbegriff der **computergestützten Informationssysteme** (zur Definition dieses und weiterer Fachbegriffe der Informatik siehe SCHNEIDER 1983) lassen sich eine Reihe von Problemlösungen finden, die auch für derartige Entwicklungen typisch sind. In diesem Sinne wurde nun im Frühjahr 1979 das Projekt der ULMER TEXTBANK konzipiert mit dem Ziel, ein computergestütztes Informationssystem für Texte zu erstellen und eine systematische Sammlung von Texten aus der psychotherapeutischen Situation anzulegen. Seit Januar 1980 konnte dieses Vorhaben im Rahmen des Sonderforschungsbereichs 129 (Teilprojekt B2) schrittweise umgesetzt werden.

2.2 Einsatzmöglichkeiten

Unter dem Begriff des Textbankverwaltungssystems (oder auch kurz Textbanksystem, Abkürzung TBS) wird ein computergestütztes Informationssystem verstanden, das drei unterschiedliche Aufgaben zu einem Leistungsangebot integriert:

1) Verwaltung beliebig vieler frei definierbarer Texteinheiten

2) Ermittlung und Verwaltung textbeschreibender und textimmanenter Kenndaten

3) Information über und Auswahl von Texteinheiten aus dem verwalteten Bestand.

Entsprechend umfaßt die Systemarchitektur Bausteine zur **Handhabung** der Texteinheiten, zur **Auswahl** der Texteinheiten und zur **Verwaltung** aller mit den Texteinheiten in Verbindung stehenden Informationen. Die einzelnen Funktionen sind so weit als möglich automatisiert, jedoch sind auch manuelle und intellektuelle Tätigkeiten im Gesamtsystem integriert. Die Einsatzmöglichkeiten des TBS lassen sich somit wie folgt skizzieren:

1) Verwendung als reines <u>Archivierungssystem</u> für Texte in unterschiedlicher physischer Realisierung: Tonband, Videoband, hand- oder maschinengeschriebenes Dokument, maschinenlesbarerer Beleg, auf elektronischen Datenträgern ge-

speicherter Text. Zu den Systemleistungen zählen die Führung verschiedener Kataloge, die Akquisition neuer Objekte, die Ausleihe und die Recherche.

2) Verwendung als Textverarbeitungssystem: Transkription von Ton- und Videoaufnahmen und Übernahme auf elektronische Datenträger, Korrektur elektronisch gespeicherter Texte (werden im folgenden kurz als Texte bezeichnet) hinsichtlich der Einhaltung von Rechtschreibregeln und Verwendung von Sonderzeichen, Druckaufbereitung der Texte mit den Möglichkeiten der Wort- und Zeilenzählung, Erstellen von Textauszügen nach vorgegebenen Schlüsselwörtern, Erstellen von Häufigkeitswörterbüchern oder Wortlisten zu ausgewählten Texten, Ersetzen von Eigennamen durch Pseudonyme.

3) Verwendung als Textanalysesystem: Ermittlung formaler Textmaße, Ermittlung grammatischer Textmaße, Ermittlung inhaltlicher Textmaße, Aufbau von Wissensbasen.

Der tatsächlich durch das TBS zu verwaltende Bestand an Textmaterial ist nun natürlich neben den angebotenen Einsatzmöglichkeiten von den Zielen, Fragestellungen und wissenschaftlichen Kontakten der tragenden Einrichtung bestimmt. Für die Abteilung Psychotherapie ist dies zunächst der Wunsch nach einer empirischen Basis für Forschungsarbeiten im Bereich der Psychotherapie und nach Unterstützung im Bereich der Lehre durch Anschaungsmaterial für den Unterricht bei Medizinstudenten sowie bei der Wahrnehmung klinischer Aufgaben im Zusammenhang mit der Weiterbildung wie etwa der Supervision anhand von Verbatimprotokollen (s. THOMÄ und ROSENKÖTTER 1970; SZESCÖDY und THOMÄ in Vorb.).

Wie Bild 2.2 zeigt, stammen zwei Drittel des Materials aus Ulm selbst. Durch wissenschaftliche Kontakte und gemeinsame Forschungsarbeiten mit Einrichtungen außerhalb Ulms ist jedoch weiteres Material in die ULMER TEXTBANK eingeflossen. In den meisten Fällen war damit auch die Inanspruchnahme weitergehender Leistungen im Rahmen des TBS verbunden. Während diese

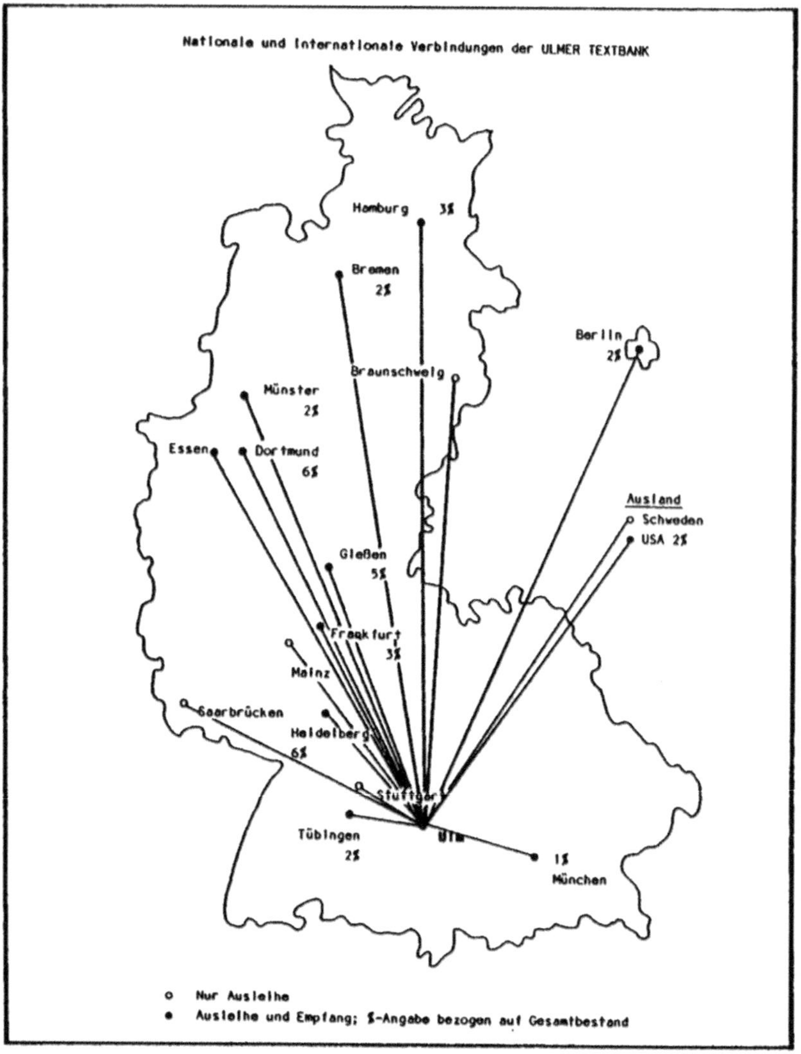

Abbildung 2.2 Aktuelle nationale und internatione Verbindungen der ULMER TEXTBANK

"Spender" vorwiegend aus dem engeren Bereich der Psychotherapie kommen, waren die "Ausleiher" fast ausschließlich Linguisten, die außer der Tonquelle und einem mit Wort- und Zeilenzählung aufbereiteten Transkript keine zusätzlichen Leistungen des TBS in Anspruch nahmen.

Die Tabelle 2.1 gibt einen informellen Überblick zu dem aktuellen Bestand in der ULMER TEXTBANK. Das elektronisch gespeicherte Textkorpus umfaßt 8.2 Millionen Wörter. Daraus werden einige Schwerpunkte ersichtlich, auf die im folgenden Abschnitt kurz eingegangen wird.

2.3 Textbank und Textkorpus

Der optimale Einsatz eines TBS zur Psychotherapieforschung setzt voraus, daß der zu verwaltende Textbestand die zu erwartenden Fragestellungen erfüllen kann. Der Definition einzelner Textkorpora als Untermengen der Textbank kommt daher besondere Bedeutung zu. Für die ULMER TEXTBANK haben sich dabei zwei Schwerpunkte ergeben, die unterschiedlichen Forschungsansätzen, den **Längsschnittuntersuchungen** einerseits und den **Querschnittsuntersuchungen** andererseits entsprechen.

Die Längsschnittuntersuchungen konzentrieren sich auf Sprachmaterial aus psychoanalytischen Behandlungen und haben die Erforschung des psychoanalytischen Prozesses zum Ziel. Aufgrund der hohen Stundenzahl einer psychoanalytischen Behandlung können nur Transkripte von wenigen verschiedenen Behandlungen erwartet werden, so daß Einzelfallstudien unter dem Aspekt der Sprachveränderung durch den Therapieprozeß im Vordergrund stehen.

Therapeuten- und patientenübergreifende Fragestellungen, durchgeführt anhand sprachlichem Material aus der Erstinterviewsituation, sind Gegenstand der Querschnittsuntersuchungen. Bei den Erstinterviews lassen sich dazu viele verschiedene Patienten mit jeweils einem Gespräch erfassen, so daß sprecherübergreifende Sprachuntersuchungen etwa im Hinblick auf Geschlechtsspezifität, Diagnose usw. möglich werden. Daneben werden Textkorpora geführt, die für spezielle Untersuchungszwecke benötigt werden, wie etwa der Balint-Gruppen-Forschung,

Textsorte	Textbank			Ton/Video-Archiv		
	P	T	S	P	T	S
1 Beratung	1	1	1	2	2	5
2 Kurztherapie	6	3	91	28	9	687
3 Analyt. Psychotherapie	22	16	101	20	8	1011
4 Psychoanalyse	22	12	895	22	9	5025
5 Paartherapie				2*	2	17
6 Familientherapie	9*	9	45			
7 Gruppentherapie				3*	2	140
9 Gruppenarbeit	4*	2	4			
11 Verhaltenstherapie	1	2	6	4	1	23
12 Erstinterview-Diagnostik	309	23	319	239	24	301
13 Erstinterview-Bericht	247	12	291			
14 Bericht über Psychotherapiestunde	5	2	23	1	1	58
15 Bericht über Psychotherapieanalysestunde	2	1	59	4	1	127
18 Balintgruppe	2*	1	54	5*	3	150
19 Selbsterfahrungsgruppe	4*	2	43			
20 Träume	36	2	55			
22 Psychodiagnostik	16	1	128			
23 Nachbefragung	24	1	24			
24 TAT	73	6	73			
25 "Geschichte"	73	6	73			
26 Genetische Beratung	34	4	34			
29 Erfahrungsbericht	-	20	20			
30 Wiss. Abhandlung	-	40	40			
32 Kognitive Verhaltenstherapie	1	1	20			
33 Supervision	6	5	16	8	5	19
34 Psychiatr. Behandlungsgespräch	21	5	21			

P = Patient T = Therapeut S = Stunde *Paar, Familie, Gruppe

Tabelle 2.1 ULMER TEXTBANK - Bestandsübersicht Ende 1984

der Untersuchung von Visitengesprächen oder der Untersuchung von Familien-Beratungsgesprächen.

Die zu den Schwerpunkten der ULMER TEXTBANK zählenden Texte werden systematisch ergänzt (Tabelle 2.2). Das Psychoanalysekorpus umfaßt mittlerweile umfangreiche Stichproben aus vier Psychoanalysen. Von weiteren neun psychoanalytischen Behandlungen sind einzelne Stunden vorhanden.

Das Erstinterviewkorpus umfaßt mehrere hundert verschiedene Gespräche und ist hinsichtlich **Geschlecht** der Patienten bzw. Therapeuten und hinsichtlich der **Diagnose** neurotisch oder psychosomatisch bei den Patienten gegliedert. Dieses Korpus soll im weiteren Ausbau in Bezug auf die Variablen Geschlecht, Diagnose, **soziale Herkunft**, **Alter** (alles bezogen auf den Patienten), **Therapieerfahrung** und **Theapierichtung** (bezüglich des Therapeuten) durch Hinzunahme geeigneter Interviews parallelisiert werden.

Aus den in der ULMER TEXTBANK enthaltenen Texten werden begleitend allgemeine sprachstatistische Eigenschaften der gesprochenen Sprache ermittelt. So wird etwa bei der Aufnahme jedes neuen Textes ein Häufigkeitswörterbuch nebst Konkordanz fortgeschrieben. Für textanalytische Untersuchungen werden weiterhin allgemeine Bezugsdaten ermittelt, die als Baseline bei speziellen Untersuchungen herangezogen werden können. Zum Vergleich dieser aus der psychotherapeutischen Situation stammenden Daten mit einer Normalpopulation, wurden in die ULMER TEXTBANK weiterhin 150 Interviews mit Angehörigen bundesdeutscher Haushalte, entstanden im Rahmen einer soziologischen Untersuchung, mit aufgenommen. Ebenfalls für Vergleichszwecke steht eine Sammlung von Interviews mit psychotischen Patienten aus geschlossenen Anstalten zur Verfügung.

ERSTINTERVIEW	Nummer des Therapeuten	Zahl der Patienten	Zahl der Stunden
	1	2	7
	11	52	55
	32	3	5
	40	3	5
	55	1	1
	81	11	11
	82	10	10
	83	10	10
	84	9	9
	94	29	29
	101	1	1
	105	40	40
	125	2	2
	126	2	2
	127	1	1
	128	1	1
	431	8	8
	432	25	25
	433	13	13
	434	11	11
	435	11	11
	436	10	10
	441	54	54
	23	309	319

PSYCHOANALYSE	Nummer des Therapeuten	Nummer des Patienten	Zahl der stunden
	1	1	198
		253	223
		258	1
		584	29
		645	4
		800	100
		806	2
	11	2	50
		3	102
		4	22
		252	1
		283	8
	17	582	44
	27	806	76
	49	425	18
	52	830	1
	153	6	6
	162	57	1
	163	49	2
	165	54	1
		60	1
	169	42	2
	170	64	3
	12	22	895

Tabelle 2.2 Bestandsübersicht der ULMER TEXTBANK für zwei ausgewählte Textsorten zum Jahresende 1984

2.3.1 Repräsentativität

Die ULMER TEXTBANK stellt in erster Linie eine Basis für die empirische Erforschung des psychoanalytischen Prozesses dar. Fragen der Repräsentativität orientieren sich somit an diesem Forschungsziel. Allerdings sind den hierzu möglichen theoretischen Überlegungen von vornherein praktische Grenzen gesetzt. Die hohe Zahl an Behandlungsstunden und die damit einhergehende Dauer einer Psychoanalyse grenzen den möglichen Spielraum vollkommen ein. Ein Stichprobenumfang von zehn Psychoanalysen ist daher eher willkürlich gewählt. Er läßt allerdings statistische Aussagen zu und ist praktisch zu realisieren. Tatsächlich enthält das Tonbandarchiv unter den 17 teils laufenden, teils schon abgeschlossenen Psychoanalysen rund zehn, deren Übernahme in die Textbank angebracht scheint. In Zahlen ausgedrückt bedeutet dies rund fünf bis zehn Millionen Textwörter verteilt auf 1000 Textexemplare (Stunden). Es wird hier davon ausgegangen, daß eine Behandlungsstunde - das psychoanalytische Gespräch - auch eine Texteinheit darstellt.

Bei der Auswahl einzelner Behandlungen zur Aufnahme in die Textbank spielen neben den praktischen Problemen unter anderem die folgenden Punkte in der angegebenen Reihenfolge eine Rolle: die zahlenmäßige Ausgewogenheit der verschiedenen Therapeuten; Diagnosebefunde, die für das zentrale Thema des Forschungszwecks (Angst) Relevanz aufweisen; eine Behandlungsdauer zwischen 300 und 500 Stunden; erfolgreiche Behandlungen. Weitere, besonders im Hinblick auf statistische Auswertungen hin relevante Auswahlkriterien wie die Ausgewogenheit des Geschlechts bei Patienten bzw. Therapeuten sowie der sozialen Schichtzugehörigkeit bei Patienten usw. lassen sich wegen der geringen überhaupt möglichen Anzahl so gut wie nicht berücksichtigen. Das Ulmer Psychoanalysekorpus wird also immer nur im Hinblick auf einen Forschungszweck als repräsentativ bezeichnet werden können.

2.3.2 Schutz personenbezogener Daten

Bei der Aufnahme eines Textes in die Textbank werden die darin enthaltenen Eigennamen, Orts- und Landschaftsbezeichnungen sowie weitere personenbezogene Merkmale durch kryptografische Verfahren (RYSKA und HERDA 1980) verschlüsselt oder durch Pseudonyme ersetzt. Während die somit faktisch anonymisierten (SCHLÖRER 1978) Texte auf der Rechenanlage der Universität Ulm weiterverarbeitet werden, verbleiben die Schüsseldateien, also alle personenbezogenen Daten, auf den ausschließlich der ULMER TEXTBANK zur Verfügung stehenden Mikrocomputern. Durch diese verteilte Speicherung sowie durch umfangreiche Zugangs- und Zugriffskontrollen ist die ULMER TEXTBANK weitgehend vor Mißbrauch geschützt. Das mit Arbeiten an der Textbank betraute Personal unterliegt der Schweigepflicht und wurde über die einschlägigen Datenschutzbestimmungen belehrt. Die ULMER TEXTBANK ist im Datenschutzregister des Landes Baden-Württemberg eingetragen.

2.3.3 Verfügbarkeit und Kosten

Die Leistungen der ULMER TEXTBANK stehen wissenschaftlichen Einrichtungen kostenlos zur Verfügung. Lediglich arbeitsaufwendige Tätigkeiten, wie etwa die Transkription von Tonbandaufnahmen, müssen gegen Aufwand verrechnet werden. Als Gegenleistung wird erwartet, daß die auf diese Weise hinzugekommenen Texte im Bestand der Textbank verbleiben können und damit auch weiteren Wissenschaftlern zugänglich werden.

Bei der Ausleihe von Textmaterial wird andererseits erwartet, daß die daran gefertigte Arbeit der ULMER TEXTBANK als Kopie zur Verfügung gestellt wird und damit außer den Texten selbst zunehmend Information verschiedener fachlicher Herkunft zu den Texten gespeichert und angeboten werden kann. Zur weiteren Information siehe die in Anhang B zusammengefaßten Bedingungen für die Inanspruchnahme der ULMER TEXTBANK.

2.4 Die Benutzerschnittstelle

Dieser Abschnitt befaßt sich mit der Schnittstelle BENUTZER - TBS. Er soll dem Leser einen einprägsamen Eindruck von seinen Möglichkeiten im Umgang mit dem System geben und damit eine realistische Einschätzung seiner daran geknüpften Erwartungen ermöglichen. Nicht beabsichtigt ist in diesem Abschnitt, die Bedienung des Systems zu vermitteln, die technische Realisierung zu erörtern oder die methodischen Grundlagen zu erläutern. Hierzu wird auf das Benutzer - Handbuch (MERGENTHALER et al. in Vorb.) bzw. auf die Kapitel 3 und 4 dieser Arbeit verwiesen. Andererseits wird als Beschreibungsmittel hier die **Menütechnik** benutzt, wie sie auch für die Arbeit mit dem TBS am Datensichtgerät implementiert ist. Unter einem Menü wird eine Liste von TBS-Leistungen verstanden, die dem Benutzer am Bildschirm zur Auswahl angeboten wird und es ihm erlaubt, die nächste Aktion zu markieren. Die gleichzeitige Verwendung von **Bildschirmmasken**, bei denen der Benutzer in vorbereitete Felder Werte für parametrisierte Leistungen eingeben kann, macht ihn weitgehend unabhängig von speziellen Computerkenntnissen. Von der **Fenstertechnik** - ein heute ebenfalls sich zunehmender Beliebtheit erfreuendes Verfahren, bei dem in ein bestehendes Bildschirm-Layout ein oder gar mehrere Ausschnitte mit zusätzlichen Information eingeblendet werden - kann mit der zur Verfügung stehenden Hardware nur ein rudimentärer Teil eingesetzt werden.

2.4.1 Der Hauptverteiler

Nachdem sich der Benutzer dem System bekannt gemacht und seine Berechtigung mit Hilfe eines Paßwortes nachgewiesen hat, erscheint auf dem Bildschirm das in Bild 2.4 dargestellte Eingangsmenü. Dieser **Hauptverteiler** gibt dem Benutzer die Möglichkeit, sich zu entscheiden, ob er sich über die Textbank **informieren** will, ob er Aufgaben aus dem Bereich der **Textverarbeitung** oder aus dem Bereich der **Textanalyse** wahrnehmen will. Außerdem kann er sich **Hinweise** zur Handhabung des TBS geben lassen.

```
ULMER TEXTBANK                                          Hauptverteiler
----------------------------------------------------------------------

    _  Information und Recherche

    _  Text Erfassen, Aufbereiten, Drucken, Verarbeiten

    _  Textanalyse

    _  Hinweise zur Handhabung des TBS

_____  Kennwort für Benutzerwunsch

Bitte kreuzen Sie die erwünschte TBS-Leistung mit einem x an. Wenn Sie statt-
dessen ein ? eingeben, erhalten Sie nähere Informationen über die betreffende
Leistung. Die einzelnen Felder erreichen Sie mit der TAB-Taste. Wenn Sie alles
ausgefüllt haben betätigen Sie bitte die RETURN-Taste. Dies gilt auch für alle
folgenden TBS-Menüs.
----------------------------------------------------------------------
    _  Arbeit mit TBS beenden
```

Abbildung 2.4   Bildschirmlayout für den Hauptverteiler

Mit dem Fragezeichen als Eingabemöglichkeit wird hier eine **Help**-Funktion angeboten, einer Leistung, die heute ein ergonomisch gutes Software-Produkt auszeichnet und dem Benutzer die Möglichkeit einräumt, jederzeit zu erfahren, in welchem Zustand sich das System befindet bzw. welche Leistungen die im Menü angebotenen Varianten beinhalten. Es können auch mehrere Varianten angekreuzt werden. Ihre Bearbeitung erfolgt dann nacheinander von oben nach unten. Selbstverständlich kann der Benutzer auch die Arbeit mit dem TBS beenden.

Ist die Entscheidung gefallen, so folgt der nächste vom Benutzer anvisierte Verteiler. Je nach gewünschter Leistung kann sich dieses Auswahlverfahren mehrfach wiederholen, bis das Ziel erreicht ist. Benutzer die häufig dieselbe Leistung benötigen, empfinden dieses "Hindurchhangeln" durch die Menüs sehr schnell als lästig, da jeder Schritt mit Wartezeiten verbunden ist. Für diesen Fall hält der Hauptverteiler - wie auch einige Unterverteiler - ein Feld zur freien Leistungsauswahl bereit. Der Benutzer braucht hier nur ein Kennwort, das er dem Benutzerhandbuch entnehmen kann oder bereits auswendig weiß, für die von ihm gewünschte Leistung einzugeben. Umgekehrt kann von jedem Verteiler in diesen Hauptverteiler zurückgesprungen werden.

Am Beispiel **Information und Recherche** wird im folgenden Abschnitt die Arbeitsweise des TBS an der Benutzerschnittstelle eingehend beschrieben und dargestellt. Die weiteren Leistungen des TBS werden in den folgenden Abschnitten dann lediglich schlagwortartig wiedergegeben, um den Umfang der Arbeit nicht zu sehr anwachsen zu lassen. Genauere Hinweise können dem Benutzerhandbuch entnommen werden.

2.4.2 Information und Recherche

Eine der ersten Leistungen des TBS, die ein Benutzer in Anspruch nimmt, ist die Möglichkeit zur Information über die Archivbestände und zur Auswahl oder Recherche von bestimmten Einheiten (Bild 2.5). Als Einheiten verwaltet werden vom TBS **Tonbandaufnahmen**, **Videoaufzeichnungen**, **Dokumente** und **Texte**.

Bei den Ton- und Videoaufzeichnungen handelt es sich um Originalaufnahmen oder Kopien von Gesprächen aus der psychotherapeutischen Situation. Geräte zum Ab- oder Überspielen der Aufnahmen sind vorhanden.

Zu den Dokumenten zählen alle nicht maschinenlesbaren Texte, die in einem Bezug zu den von der ULMER TEXTBANK verwalteten Einheiten stehen. Hierunter zählen normalschriftliche Verbatimprotokolle genauso wie Fallberichte (siehe Kapitel 1.1), Testbefunde oder wissenschaftliche Arbeiten.

Zu der Gruppe der <u>Texte</u> zählen alle elektronisch gespeicherten Verbatimprotokolle und Berichte. Sofern es sich bei den Texten um transkribierte Gespräche handelt, ist eine Untergliederung der Texteinheit in **Äußerungen** und eine Aggregation zu **Behandlungen** möglich.

ULMER TEXTBANK	Information und Recherche
Wofür interessieren Sie sich?	_ Tonbänder
	_ Videobänder
	_ Dokumente
	_ Maschinenlesbare Texte
Wollen Sie die Auswahl eingrenzen?	_ Ja
Welche Angaben benötigen Sie?	_ Basisstatistik
	_ Basisdokumentation
	_ Zusätzliche Merkmalsauswahl
Wozu dient die Anfrage?	_ Information am Bildschirm
	_ Information über Drucker
	_ Ausleihen der ermittelten Einheiten
	_ Korpus vereinbaren
_ Arbeit mit TBS beenden	_ Zurück zum Hauptverteiler

<u>Abbildung 2.5</u> Bildschirmlayout für Information und Recherche

<u>Auswahl von Einheiten</u>

Im allgemeinen wird ein Benutzer die Informations- und Rechercherchierdienste im Hinblick auf eine ihn beschäftigende Fragestellung in Anspruch nehmen. Er wird also Merkmale benennen wollen, nach denen die Einheiten ausgewählt werden sollen. Das TBS spielt ihm hierzu eine Maske mit Merkmalsbezeichnungen (Bild 2.6) ein, die er mit **Vergleichsoperatoren** und **Werten** attribuieren kann. Als Verknüpfungsoperator zwischen den Merkmalen gilt das logische ODER für alle Merkmale mit derselben Rangnummer. Merkmale ohne bzw. mit unterschiedlicher Rangnummer werden über das logische UND verknüpft. Merkmale für die kein Wert eingegeben wird, bleiben unberücksichtigt. Komplexere Anfragen, die weitere logische Operatoren und Klammerung enthalten können, werden über eine Suchsprache dem TBS vermittelt. Im übrigen können bei Bedarf weitere Merkmale angefordert werden, um die Auswahl zusätzlich einzuschränken.

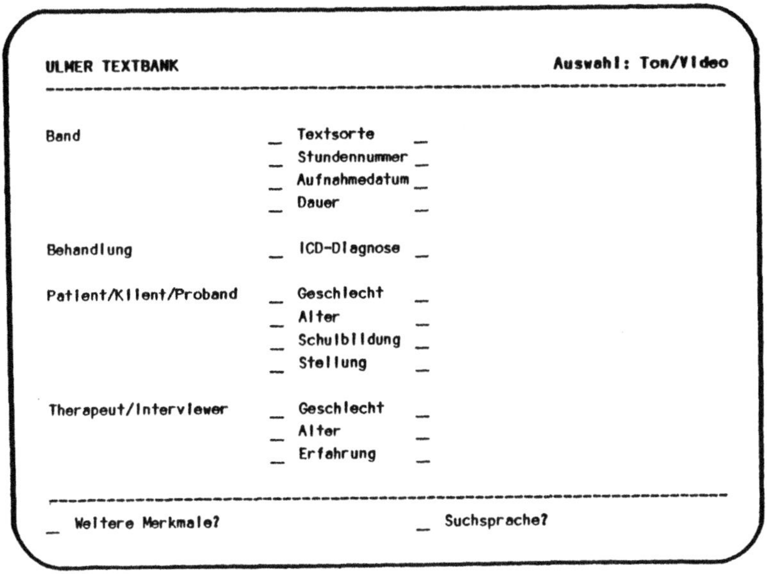

Abbildung 2.6 Bildschirmlayout zur Auswahl von Ton- und Video-Bändern

Art und Anzahl der über die Auswahl-Maske angebotenen Merkmale richtet sich nach den angeforderten Einheiten. Der Textumfang ist beispielsweise nur für Texte ermittelt und kann deshalb für Ton- und Videoaufzeichnungen oder Dokumente nicht als Auswahlkriterium herangezogen werden. Bild 2.7 zeigt eine ausgefüllte Maske für die Auswahl von Texten.

Bei diesem Beispiel sollen aus den gespeicherten Psychoanalysen Äußerungen mit einer Länge von 90 bis 110 Wörtern herausgesucht werden. Außerdem sollen diese Äußerungen von Patientinnen stammen, die höchstens einen Hauptschulabschluß oder aber in ihrem Betrieb eine einfache Stellung als Mitarbeiter haben. Weiter kommen nur solche Patientinnen in Betracht, für die eine Angstneurose oder eine Phobie diagnostiziert wurde.

ULMER TEXTBANK			Auswahl: Text
	Rang		Bedingung
Text	_	Textsorte	04
	_	Texteinheit	A
	_	Sprecher	P
	_	Textumfang	90-110
Behandlung	_	ICD-Diagnose	300.0 300.2
Patient/Klient/Proband	_	Geschlecht	W
	_	Alter	
	1	Schulbildung	1 2
	1	Stellung	1
Therapeut/Interviewer	_	Geschlecht	
	_	Alter	
	_	Erfahrung	
_ Weitere Merkmale?			_ Suchsprache?

Abbildung 2.7 Bildschirmlayout für die Auswahl von Texten

Um die Auswahl-Masken übersichtlich zu halten, werden bei den einzelnen Merkmalen keine Wertealternativen aufgelistet, sondern es wird lediglich Platz für die Angabe eines Codes (z.B. 04 für Psychoanalyse) oder eines Kürzels (z.B. w für weiblich) vorgesehen. Benutzer die diese Codes und Kürzel nicht kennen und auch in dem Benutzerhandbuch nicht nachschlagen wollen, können über die HELP-Funktion alle dem TBS bekannten Alternativen mit Code oder Kürzel als Fenster im Bildschirm einblenden lassen. Bild 2.8 zeigt die Auswahl-Maske für Text mit einem eingeblendeten Fenster für das Merkmal **ICD-Diagnose**.

```
ULMER TEXTBANK                                         Auswahl - Text
---------------------------------------------------------------------

Behandlung                 _ ICD-Diagnose  ?

=====================================================================

   Bisher aufgetreten:                                  ICD-Diagnose

   300.0  Angstneurose
   300.1  Hysterische Neurose
   300.2  Phobie
   300.3  Zwangsneurose
   300.4  Neurotische Depression
   306.2  Störungen Herz-Kreislauf
   309.1  länger dauernde depressive Reaktion
   316    Psychosomatische Erkrankung
   *

---------------------------------------------------------------------
_  Blättern?
```

Abbildung 2.8   Bildschirmlayout für Textauswahl mit Fenster für Diagnosen.

```
ULMER TEXTBANK                                                Statistik
-----------------------------------------------------------------------
Anzahl                                           Min-Max  Mittel  Anzahl

 276   Text          _ Textsorte    04                              276
                     _ Texteinheit  A                               276
                     _ Sprecher     P                               276
                     _ Textumfang   90-110       94-109   104.6     276

 3     Behandlung    _ ICD-Diagnose 300.0 300.2                     1 2

 3     Patient       _ Geschlecht   W                               3
                     _ Alter                     23-44    32.7
                     1 Schulbildung 1 2                             0 1
                     1 Stellung     1                               2

 2     Therapeut     _ Geschlecht                M                  2
                     _ Alter                     38-60    45.3
                     _ Erfahrung                 4-22     8.7

-----------------------------------------------------------------------
_  Arbeit mit TBS beenden?              _  Zurück zum Hauptverteiler?
```

Abbildung 2.9   Bildschirmlayout für Textbankstatistik

Welche Angaben benötigen Sie?

Es werden zwei Informationsweisen unterschieden: **Basisstatistik** und **Basisdokumentation**. Damit kann den meisten Anfragen entsprochen werden. Lediglich für spezielle Recherchen oder für eine Volldokumentation kann eine **zusätzliche Merkmalsauswahl** hilfreich sein.

Die Basisstatistik faßt von allen ermittelten Einheiten wichtige Merkmale zusammen und bereitet sie tabellarisch auf. Bild 2.9 zeigt diese Tabelle für das oben erwähnte Beispiel (Bild 2.7) einer Anfrage.

Die vom Benutzer für die Anfrage ausgefüllte Maske wird um vier Spalten erweitert. Zunächst ist dies ganz links die **Anzahl** der ermittelten Einheiten. In diesem Fall wurden 276 Äußerungen gefunden, die die geforderten Bedingungen erfüllen. Diese Äußerungen stammen aus drei Behandlungen und zugleich von drei Patientinnen. Die Psychoanalysen wurden von zwei verschiedenen Therapeuten durchgeführt. Im Zentrum des Bildschirms wird die Anfrage, wie sie der Benutzer formuliert hat, noch einmal wiederholt. Neu hinzu kommen die **Min/Max** - Werte für numerische Merkmale. Im Beispiel liegt der Textumfang der ermittelten Äußerungen zwischen 94 und 109 Wörtern, das Alter der Patientinnen zwischen 23 und 44 Jahren. Für dichotome Merkmale, wie hier das Geschlecht des Therapeuten, werden die aufgetretenen Alternativen aufgelistet, also in diesem Beispiel ein M, da nur männliche Therapeuten die Behandlungen durchgeführt haben. Ergänzend wird - ebenfalls für numerische Daten - der **Mittelwert** ausgegeben. Die 276 Äußerungen haben demnach eine mittlere Länge von 104.6 Wörtern, die Patientinnen ein Durchschnittsalter von 32.7 Jahren. Als vierte Ergänzung wird noch die **Anzahl** der aufgetretenen Werte für die Merkmale ermittelt. Da in diesem Beispiel die ermittelten Texteinheiten alle durch jeweils einen Wert bestimmt sind, taucht hier überall die Zahl 276 auf. Anders liegt es bei der ICD-Diagnose. Hier kommt der Wert 300.0 einmal und der Wert 300.2 zweimal vor. Da die Schulbildung und Stellung hier wegen ihrer identischen Rangnummer (1) in einer ODER-Verknüpfung stehen, ist durchaus plausibel, daß für die Schulbildung der Wert 2 als einziger ermittelt wurde. Die anderen beiden Patientinnen sind über den Wert 1 für die Stellung qualifiziert.

Die Basisdokumentation bereitet nun für jede einzeln ermittelte Einheit die wichtigsten Merkmale tabellarisch auf. Der Benutzer kann sich dann durch Blättern am Bildschirm oder in den gedruckten Listen weiter in die Materie vertiefen. Bild 2.10 zeigt hierzu einen Schirminhalt aus dem oben erwähnten Beispiel (Bild 2.7) einer Anfrage.

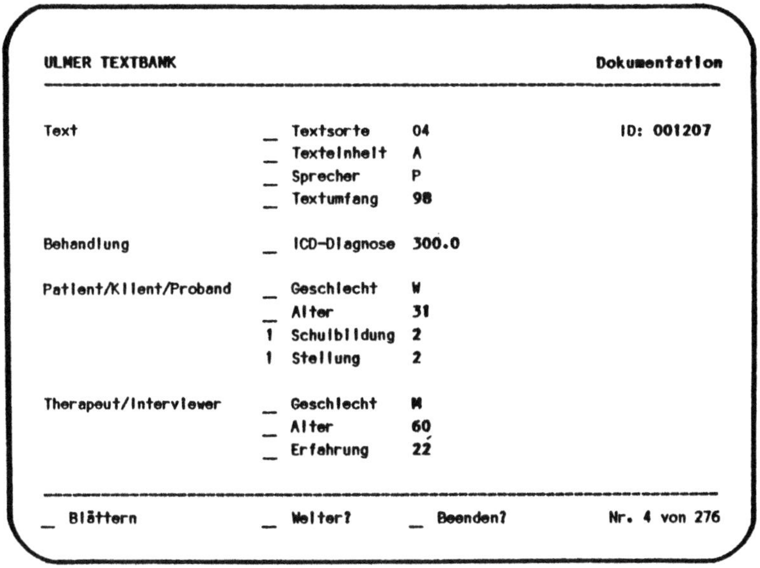

Abbildung 2.10 Bildschirmlayout für Bestandsdokumenation

Für die Basisdokumentation wird das vom Benutzer für die Anfrage ausgefüllte Schirmbild nacheinander für jede ermittelte Äußerung mit den fehlenden Informationen aufgefüllt. Dieses Beispiel zeigt die Äußerung mit der TBS-internen Identifikationsnummer 01207 als vierte der insgesamt 276 Ermittelten.

Sie hat einen Textumfang von 98 Wörtern, die Diagnose lautet Angstneurose, das Alter der Patientin ist 31 Jahre, sie hat einen Volksschulabschluß und eine mittlere Stellung im Betrieb. Da diese beiden Merkmale in der Anfrage mit einem ODER verbunden waren, ist dies durchaus richtig, da die Qualifikation über den Volksschulabschluß erfolgen konnte. Der behandelnde Therapeut ist männlich, 60 Jahre alt und hat 22 Jahre Berufserfahrung. Mit Hilfe der Menüzeile kann der Benutzer als nächste Aktion entweder Blättern, d. h. weitere Informationen zu dieser Äußerung sich zeigen lassen, die nächste Äußerung anfordern oder die Ausgabe beenden und zum Auswahl-Verteiler zurückkehren.

Für eine Reihe von Einheiten sind zusätzliche Merkmale erfaßt und können auf Wunsch ebenfalls in die Listen aufgenommen werden. Dazu kann der Benutzer in einem weiteren interaktiven Schritt über eine Maske alle für ihn wichtigen Merkmale benennen. Diese werden dann je nach Anforderung in die Basisstatistik und in die Basisdokumentation aufgenommen. Weiterhin besteht die Möglichkeit, bei dieser Maske anstatt einzelner Merkmale die Variante ALLE zu wählen. Der Benutzer erhält dann eine Vollstatistik bzw. eine Volldokumentation.

Wozu dient die Anfrage?

Die Motivation eines Benutzers des TBS kann unterschiedlicher Art sein. Während der eine sich nur kurz am Bildschirm einen **informellen** Eindruck verschaffen möchte, benötigt der andere eine umfangreiche **Dokumentation** in gedruckter Form um sie später unabhängig vom Rechner durcharbeiten zu können. Wieder ein anderer hat sich bereits früher informiert und will nun die von ihm gewählten Einheiten **ausleihen**. Der vierte schließlich möchte ein **Korpus** definieren, um es später als ganzes auswerten zu können.

Die Informationsdienste über Bildschirm oder Drucker bedürfen hier wohl keiner weiteren Erläuterung. Das Ausleihen der ausgewählten Einheiten bringt allerdings einige Besonderheiten mit sich. Zunächst muß vom TBS überprüft werden, ob von dem Benutzer eine unterschriebene Fertigung der Ausleihbedingungen vorliegt. Gegebenenfalls muß er gebeten werden, diesen aus Datenschutzgründen unerläßlichen Verwaltungsakt vorzunehmen. Selbstverständlich speichert das TBS den Ausleihwunsch und führt ihn aus, sobald die Unterschrift vorliegt und vom TBS-Administrator ins System eingetragen wurde. Darüber hinaus wird, je nach Art der angeforderten Einheit ein Arbeitszettel erstellt für die Anfertigung von Bandkopien, das Bereitstellen der Dokumente oder das Drucken der Texte.

2.4.3 Text erfassen, aufbereiten und drucken

Die hier zusammengefaßten Leistungen des TBS umfassen alle Aufgaben, die kurz mit dem Begriff **Textverarbeitung** charakterisiert werden können. Sie werden in erster Linie von dem Personal in Anspruch genommen werden, das mit dem Aufbau und der Pflege der im TBS enthaltenen Textbank betraut ist.

Text erfassen

Es sind vier Wege zum Erfassen von Texten vorgesehen: über **Datensichtgerät**, über **maschinenlesbare Belege**, über **elektronische Datenträger** oder über **Datenfernübertragung**. Damit steht in der Praxis jedem Interessierten ein Weg offen, Texte in die Textbank einzubringen.

Der standardisierte Weg wird hiervon zukünftig die Texterfassung über Datensichtgerät sein, während der maschinenlesbare Beleg nur noch in Ausnahmefällen, etwa in einer ärztlichen Praxis ohne EDV-Ausstattung, zur Anwendung kommen sollte. Der Austausch über elektronische Datenträger wird das Medium der Wahl bei internationalen Kontakten sein. Die Datenfernübertragung erlangt widerum im nationalen Bereich besondere Bedeutung. Hier wird insbesondere die Einbindung der ULMER TEXTBANK in das "Deutsche Forschungsnetz" DFN besonders zu beachten sein.

Text aufbereiten

Bei der Aufnahme der Texte in die Textbank werden sie einer gründlichen Analyse unterzogen. Besonderes Augenmerk wird dabei der Korrektur von Schreib- und Transkriptionsfehlern gewidmet. In einem dreistufigen Verfahren werden intellektuelle und computergestützte Arbeitsschritte zu einem homogenen Teilsystem zur **Qualitätssicherung** integriert. Mit in diesen Ablauf eingebettet ist die Vergabe von Pseudonymen für Eigennamen und Landschaftsbezeichnungen, um so eine faktische Anonymisierung des Textbestandes sicherzustellen. Die Qualitätssicherung geht von einem unkorrigierten Text aus, der dann durch die Textkorrektur sowie die Textkontrolle läuft und schließlich nach einem erneuten Korrekturlauf mit der Übergabe des geprüften und anonymisierten Textes endet.

Zunächst zum Ablauf der Textkorrektur: Nachdem ein Text vom Textbanksystem erfaßt wurde, erfolgt zunächst ein Abgleich mit dem Basisvokabular der ULMER TEXTBANK. Danach wird der Text ausgedruckt, wobei alle im Basisvokabular nicht enthaltenen Wortformen rot erscheinen. Bei diesen roten Wortformen handelt es sich um Namen, Schreibfehler oder im Basisvokabular noch nicht enthaltene neue Wörter. In dem sich anschließenden intellektuellen, jedoch computerunterstützten Arbeitsschritt werden für den Bearbeiter nach und nach alle roten Wörter eines zu bearbeitenden Textes am Bildschirm eingespielt und seine Korrekturanweisungen entgegengenommen und ausgeführt. Bei fehlerhaften Wörtern wird dies die Eingabe der richtigen Schreibweise sein, bei Namen ein Hinweis, ob ein Pseudonym eingesetzt werden soll und bei den für das System noch unbekannten Wortformen der Vorschlag zur Aufnahme in das Basisvokabular. Der "Rotdruck" kann hierbei in Zweifelsfällen vorteilhaft zur Entscheidung anhand des zugehörigen Kontextes herangezogen werden. Hinzu kommen gegebenenfalls Rückfragen durch das System, wie etwa nach der Wortart eines neuen Wortes. Außerdem werden in einem kleinen "Gedächtnis" alle Benutzereingaben gespeichert, so daß "rote Wörter", wenn sie mehrmals in einem Text auftreten, nach dem ersten Vorkommen nicht mehr angefragt, sondern entsprechend der ersten Korrekturanweisung im Hintergrund bearbeitet werden.

Das hier beschriebene Verfahren orientiert sich an dem pragmatischen Ziel, mit möglichst geringem Aufwand Texte korrigieren zu können. Es kann jedoch die Fehlerfreiheit eines Textes nicht garantieren, da durch einen einfachen Wörterbuchabgleich nicht alle Schreibfehler erkannt werdem können. So wird, um ein Beispiel zu nennen, durch Verwechseln der Buchstaben "u" und "a" die "Lust" zur "Last" und beides kann im Basisvokabular enthalten sein. Verfahren, die solche Fehler erkennen können, sind heute erst im Experimentierstadium und daher in einem Produktionssystem noch nicht einsetzbar. Stattdessen wird hier ein weiterer Schritt zur Qualitätssicherung, die Textkontrolle eingefügt, der im Zusammenhang mit der Transkription von Gesprächen ohnehin (s. Kap. 1.6 sowie Anhang A) notwendig ist.

Die Textkontrolle geht von einem aufbereiteten Ausdruck des Textes aus, der alle im ersten Schritt durchgeführten Korrekturen enthält. Es kann nun, wiederum in einem intellektuellen Arbeitsschritt, von einem Bearbeiter der Text **prüfgelesen** und - bei Transkriptionen - **kontrollgehört** werden. Alle Änderungen erfolgen zunächst handschriftlich auf dem Ausdruck und sodann, jetzt wieder mit Computerunterstützung, an der gespeicherten Textquelle selbst. Danach wiederholt sich noch einmal die "Rotdruck-Prozedur" die schließlich zu einer archivierungsfähigen Fassung des Textes führt. Die verbleibende Fehlerquote für Schreibfehler liegt dabei, nach Untersuchungen an einer Stichprobe aus der ULMER TEXTBANK, unter einem Prozent.

Text drucken

Ein Großteil der Leistungen des Textbanksystems laufen auf den Ausdruck von Texten hinaus. Es wurde deshalb bei seiner Konzeption besonderer Wert auf ein flexibles Druckprogramm gelegt. Die wichtigsten vom Benutzer wählbaren Varianten sind:

- Strukturierung von Gesprächstexten zu Äußerungen.
- Flexible Kennzeichnung der Sprecher.
- Optionale Zeilenzählung.
- Optionale Wortzählung.
- Hervorhebung oder Attribution einzelner Textwörter.
- Verschiedene DIN-Formate.

Mit zu den Druckleistungen zählt auch das Erstellen von KWIC-Listen, bei denen der Kontext zu ausgewählten Wörtern ausgedruckt werden kann.

2.4.4 Textanalyse

Mit dieser Leistung des Textbanksystems hat der Benutzer Zugriff auf eine Fülle von verschiedenen Verfahren zur Analyse von sprachlichen Daten (siehe dazu auch Kapitel 1.8). Die Menge der angebotenen Analyseverfahren ist offen und kann entsprechend dem Fortgang der Entwicklung in einzelnen Forschungsbereichen jederzeit fortgeschrieben werden. Es ist vorgesehen, eine vollständige Bibliographie zu Computeranwendungen in der Psychotherapieforschung mit in die ULMER TEXTBANK zu integrieren, so daß der Benutzer bei der Auswahl eines Verfahrens sich schnell und einfach in die Problematik einarbeiten kann. Die Erfahrung hat gezeigt, daß solche Hilfsdienste gerade für Psychologen und Ärzte die vornehmlich in der Psychotherapieforschung arbeiten, besonders hilfreich ist, da sie im allgemeinen von computerunterstützten Textanalyseverfahren aufgrund der heute üblichen Ausbildung noch wenig verstehen.

Ein weiterer Vorteil liegt darin, daß innerhalb des TBS von allen Texten bekannt ist, mit welchen Verfahren sie bereits analysiert worden sind und damit im Laufe der Zeit ein breit gefächertes Spektrum von Untersuchungsergebnissen zu ein und demselben Material vorliegen wird.

3 Das Textbankverwaltungssystem - eine Methodenbank zur Aufbereitung und Analyse von Texten

Das dritte Kapitel dieser Arbeit befaßt sich mit dem Textbankverwaltungssystem als einer Methodenbank für die linguistische Datenverarbeitung psychotherapeutischer Texte. Nach einer kurzen Einführung werdèn in einem ersten Abschnitt Grundbegriffe vereinbart, die in den folgenden Abschnitten helfen sollen, die methodischen Schritte zu beschreiben. Der zweite Abschnitt befaßt sich mit einfachen Algorithmen, wie sie zur Umstrukturierung, Aufbereitung und Wiedergabe von Texten benötigt werden. Danach wird kurz auf die Probleme bei gesprochener Sprache sowie der Stichprobengröße eingegangen. Der letzte Abschnitt dieses Kapitels widmet sich noch einem wichtigen Teilaspekt des Textbanksystems, der integrierten Wortdatenbank.

3.1 Einführung

Der Untersuchung natürlich-sprachlicher Texte unter anwendungsbezogenen Gesichtspunkten kommt in vielen Forschungsbereichen besondere Bedeutung zu. Die Anwendung inhaltsanalytischer Methoden durch menschliche Beurteiler wird jedoch stets als aufwendig und mühselig empfunden. So ist begreiflich, daß auf die Computer, sobald sie außer auf das Rechnen auch auf das Lesen und Schreiben programmiert waren, allerorts vielfältige Hoffnungen als Sprachverarbeiter gesetzt wurden. Nachdem - um gleich ein abträgliches Beispiel zu nennen - die ersten Eins-zu-eins-Übersetzungen vom Englischen ins Deutsche mit kläglichen Resultaten endeten, hatten sich diese allerdings schnell zerschlagen. Es wurde offenbar, daß im Hinblick auf Computer die Sprachwissenschaften keine Theorien anzubieten hatten, die eine fruchtbare Anwendung im Bereich der Computerwissenschaften erlaubt hätten. So blieben zunächst die Sprachstatistik und die Wortfeldtheorie zwei der wichtigsten Ansatzpunkte für eine maschinelle Analyse der Sprache. Wesentliche Entwicklungen und Fortschritte wurden hierzu in den Jahren 1965 - 1970 erreicht.

Als Prototyp für die computerunterstützte Inhaltsanalyse entstand das System GENERAL INQUIRER (STONE et al. 1966) das besondere Bedeutung für die empirischen Sozialwissenschaften erlangte. Für den Anwendungsbereich der Psychotherapie sei hier LAFFALS "total content analysis" (LAFFAL 1968) angeführt. Wenngleich die methodologischen Grundlagen bei STONE et al. und LAFFAL sich deutlich unterscheiden, läuft der auf den Computer übertragene Ablauf der Textanalyse bei beiden nach demselben Schema ab. Als Vorarbeit wird ein Wörterbuch, häufig auch Diktionär genannt, erstellt. Dies besteht aus einer Sammlung von zum Teil mehreren tausend Wortformen, die unter inhaltlichen Gesichtspunkten vom Wörterbuchhersteller verschiedenen Kategorien zugeordnet werden. Die Kategorien selbst bilden ein System, das entweder Facetten zu einem speziellen Thema, oder Aspekte eines allgemeineren Themenkomplexes zusammenfaßt. Der Wortschatz eines Diktionärs kann entweder induktiv aus einem vorgelegten Text gewonnen oder deduktiv aus übergeordneten Konstrukten, die in den Kategorien ihren Niederschlag finden, abgeleitet werden. Die Arbeit des Computers besteht nun darin, daß er den zu analysierenden Text Wort für Wort durchmustert und mit dem Wörterbuch vergleicht. Findet er darin eine Wortform, so wird bei der zugehörigen Kategorie, ähnlich wie bei einer Strichliste, der Zähler um eins erhöht. Die resultierende Häufigkeitsverteilung kann zu Vergleichszwecken noch am Textumfang relativiert werden. Dieser Grundalgorithmus kann je nach verwendetem System in mehr oder weniger ausgeklügelter Form durch die zusätzliche Einführung von Regeln modifiziert werden. STONE et al. versuchen beispielsweise auf diese Weise die Mehrdeutigkeit vieler Wortformen (im Deutschen sind es über 60%) in Abhängigkeit vom Kontext aufzulösen. Dieser Entwicklungsstand kennzeichnet die computerunterstützte Inhaltsanalyse bis heute und gilt auch für die im deutschen Sprachraum gebräuchlichen Systeme (TEXTPACK, LDVLIB und EVA). Sie kann als eigenständige Methode betrachtet werden, die allerdings den Anwendungsbereich der empirischen Sozialwissenschaften nie verlassen hat.

Eine neue Hoffnungswelle erfaßte Computerwissenschaftler und

Linguisten gleichermaßen mit der Rezeption von CHOMSKYs Syntaxtheorie (CHOMSKY 1965). Die einen waren begeistert über das Regelwerk, das CHOMSKYs generative Grammatik ihnen anbot und für einen Computer wie geschaffen schien. Die anderen glücklich, endlich die Sprache "im Griff" zu haben und ihre Theorie empirisch überprüfen zu können (s. FRIEDMAN 1969, 1971, 1973). Wie weit sie damit gekommen sind, sei mal etwas salopp mit der Überschrift eines Zeitungsartikels eines Linguisten gekennzeichnet: Großer Mann - was nun? (WEINRICH 1975). Der generative Ansatz hatte zwei Mängel. Zum ersten war er eine Theorie der Kompetenz, die nur für den idealen Sprecher ihre Gültigkeit hat. Diesen aber finden wir in der Wirklichkeit nicht. Zum zweiten gelang es trotz einiger bedeutenden Ansätze (s. KATZ und FODOR 1964) nicht, der Syntaxtheorie eine adäquate Semantiktheorie zur Seite zu stellen. So blieb es verständlich, daß daraus bis heute kein praktisch einsetzbares Programmsystem zur Analyse von Texten hervorgegangen ist.

Dennoch sind heute "Meinen und Verstehen" (HÖRMANN 1976) in Verbindung mit einem Computer keine Fremdwörter mehr. Während die Inhaltsanalytiker mit ihrer bescheidenen Methode sich vornehmlich auf ihre Anwendungen konzentrierten und die CHOMSKY-Grammatiker sich zusehends in ihrem Regelwerk verstrickten, haben andere Wissenschaftler aus verschiedenen Bereichen in sehr pragmatischen Ansätzen versucht, mit Hilfe des Computers kleinste Bereiche der menschlichen Intelligenz nachzubilden. Die Sprache spielte bei diesen Ansätzen zunächst überhaupt keine Rolle. Dies sollte sich jedoch spätestens mit Winograds SHRDLU - einem Roboter, der in einer Mikrowelt von Würfeln allerhand Intelligenz bewies - entscheidend ändern (WINOGRAD 1972). Es entwickelte sich ein Bereich, der heute "Cognitive Science" genannt wird. Hauptgegenstand dieser Wissenschaft ist das Sprachverstehen durch Computer (s. SCHANK 1980). Anwendung finden diese Arbeiten beispielsweise beim Erstellen von Kurzfassungen aus Geschichten oder Artikeln, beim Aufbau von Wissensbasen und bei der Beantwortung natürlich-sprachlicher Anfragen in Informationssystemen. So erstaunlich gut diese Aufgaben heute schon gelöst werden können, sie blieben dennoch auf eng umgrenzte Diskurswelten und damit bislang auf Anwendungsbereiche außerhalb der Psychotherapieforschung beschränkt.

3.2 Grundbegriffe

Mit der folgenden Zusammenstellung von Grundbegriffen soll dem Anwender des Textbankverwaltungssystems eine Hilfe bei der Inanspruchnahme seiner Leistungen gegeben werden. Eine solche Begriffsbestimmung hat sich in der Vergangenheit als hilfreich erwiesen, da einige der verwendeten Begriffe in ihrer umgangssprachlichen Bedeutung von der fachsprachlichen Verwendung abweichen.

Wortform (1)

Unter einer Wortform wird jedes von einem Sprecher einer natürlichen Sprache genannte Wort verstanden. Bei der schriftlichen Darstellung einer Sprache ist die Wortform eine Buchstabenfolge, die durch Leerstellen oder Sonderzeichen begrenzt ist.

Beispiele für Wortformen sind die Wörter: ich, gegangen, Häuser, hmhm.

Anmerkung: In der allgemeinen Linguistik entspricht diese Definition einer Graphemfolge. Eine Wortform kann dort auch aus mehreren, nicht notwendigerweise aufeinanderfolgenden Graphemfolgen bestehen: Beispiel: "Werde gegessen haben" ist eine Wortform, bestehend aus drei Graphemfolgen. Im Satzgefüge kann diese Wortform zwischen weitere Graphemfolgen verstreut sein: "morgen werde ich frühzeitig gegessen oder wenigstens gevespert haben". Das Erkennen solcher Wortformen mit Hilfe algorithmischer Verfahren setzt umfangreiche syntaktische und semantische Analysen des Kontextes voraus. In vielen Fällen reicht dabei die Satzgrenze zur Einschränkung des Kontextes nicht aus, so daß der gesamte Text herangezogen werden muß.

Grundform (2)

Grundformen sind alle unflektierten Wortformen. Bei Verben ist dies der Infinitiv, bei Substantiven der Nominativ und bei Beiwörtern der Positiv. Zu ein- und derselben Grundform kann es also mehrere Wortformen geben.

Beispiele für Grundformen sind die Wörter: ich, gehen, Haus, hmhm.

Anmerkung: Entsprechend der hier vorgenommenen Definition einer Wortform bezieht sich der Begriff der Grundform ebenfalls nur auf eine Graphemfolge: "werde gegessen haben" ergibt also die drei Grundformen "werden", "essen" und "haben".

Vollform (3)

Eine Vollform ist eine flektierte Wortform. Zu jeder Vollform gibt es genau eine Grundform.

Beispiele für Vollformen sind: mich, ging, Häuser.

Wörterliste (4)

Eine Wörterliste ist eine endliche Menge verschiedener Wortformen.

Lemma (5)

Unter einem Lemma wird eine Menge von Wortformen verstanden, die hinsichtlich ihrer Übereinstimmung bei vorgegebenen Eigenschaften zusammengefaßt sind.

Beispiele für Lemmata sind die Stichwörter in einem Rechtschreibwörterbuch.

Anmerkung: In der allgemeinen Linguistik werden semantische, paradigmatische und strukturelle Eigenschaften unterschieden. Als Nebenbedingung gilt meist, daß zu einem Lemma nur Wortformen derselben Wortart sowie desselben Wortstammes gehören.

Lemma-Wörterbuch (6)

Ein Lemma-Wörterbuch ist eine geordnete Menge von Lemmata. Jedes einzelne Lemma wird bestimmt durch eine Übereinstimmung der Wortart und der Bedeutung aller zugehörigen Wortformen. Als Lemma-Name wird die zugehörige Grundform gewählt.

Beispiele für Einträge in einem Lemma-Wörterbuch sind die Lemmata

Haus = (Haus, Hauses, Häuser, Häusern)

und

hausen = (hausen, hause, hausest, haust, hauset, hauste, haustest, hausten, haustet, gehaust).

Wortart (7)

Unter einer Wortart wird die Rolle einer Wortform (s. ERBEN 1968 S.38ff) verstanden, die sie in der Rede oder im Satzgefüge einnimmt. Es werden unterschieden:

- Aussagewörter (Verben)
- Nennwörter (Substantive)
- Beiwörter (Adjektiv, Adverb)
- Formwörter (Pronomina)
- Fügewörter (Präpositionen, Konjunktionen)
- Satzadverbien (Ausdruckswörter)

Die Aussagewörter (etwa ein Viertel des Gesamtwortschatzes) sind Träger der Aussage (Rhema) des geschilderten Geschehens oder Seins.

Die Nennwörter (mehr als zwei Drittel des Gesamtwortschatzes) dienen der Benennung der ein Geschehen umgebenden oder ein Sein bestimmenden Wesenheiten (Thema).

Die Beiwörter (fast ein sechstel des Gesamtwortschatzes) dienen der Charakterisierung des ausgesagten Geschehens oder Seins und der daran beteiligten Wesenheiten.

Die Form und Fügewörter, die Satzadverbien sowie die Ausdruckswörter (zusammen etwa ein Zehntel des Gesamtwortschatzes) haben bezüglich der drei Hauptwortarten ergänzende Funktionen, indem sie Verweise ermöglichen, Beziehungen herstellen und Verbindungen schaffen, sowie modale und emotionale Ausdrucksweisen ermöglichen.

Anmerkung: Mit dieser funktional-syntaktisch-orientierten Definition der Wortart wird insbesondere den pragmatischen Zielen der hier angestrebten Textanalyse Rechnung getragen.

Wortformenverzeichnis (8)

Ein Wortformenverzeichnis ist eine geordnete Liste aller in einem zugrundegelegten Text auftretenden Wortformen. Zu jeder Wortform wird außerdem ihre Auftretenshäufigkeit festgehalten.

Grundformenverzeichnis (9)

Ein Grundformenverzeichnis ist eine Liste aller in einem zugrundegelegten Text auftretenden und auf ihre Grundform zurückgeführten Wortformen. Zu jeder Grundform wird ihre Auftretenshäufigkeit festgehalten.

Anmerkung: Wortformen- und Grundformenverzeichnisse bilden die Grundlage für Frequenzwörterbücher. Eine umfassende Darstellung hierzu gibt ALEKSEEV (1984).

Kategorie (10)

Unter einer Kategorie wird der Name für eine offene Menge von Wortformen verstanden, die unter denselben inhaltlichen Gesichtspunkten zusammengefaßt sind.

Beispiel: Unter der Kategorie SINN könnten alle Wortformen zusammengefaßt werden, die einen Bezug zu Sinneswahrnehmungen haben.

Kategoriensystem (11)

Ein Kategoriensystem ist eine nach inhaltlichen Gesichtspunkten in sich abgeschlossene Menge von Kategorien.

Beispiel: Das Kategoriensystem ANGSTTHEMEN umfaßt die Kategorien BESCHÄMUNG, KASTRATION, SCHULD und TRENNUNG.

Vokabular (12)

Als Vokabular wird ein Wortformen- oder ein Grundformenverzeichnis bezeichnet, wenn es auf die Unterscheidung von Vollform oder Grundform nicht ankommt.

Diktionär (13)
Ein Diktionär ist eine endliche Menge geordneter Paare. Jedes Paar setzt sich aus einer Wortform und einer Kategorie zusammen.
Beispiel: Gegeben sei die Wörterliste

W = (abschneiden, abgeschnitten, bald, Messer, Urteil, Urteile)

sowie das Kategoriensystem

C = (BESCHÄMUNG, KASTRATION, SCHULD, TRENNUNG).

Ein Diktionär entsprechend der hier gegebenen Definition könnte damit wie folgt aussehen:

D = (abschneiden, KASTRATION; abgeschnitten, KASTRATION; abschneiden, TRENNUNG; abgeschnitten, TRENNUNG; Messer, KASTRATION; Messer, SCHULD; Urteil, SCHULD; Urteile, SCHULD; bald).

Ein solches Wörterbuch läßt sich auch als Relation über der Wörterliste W und dem Kategoriensystem C und damit als Teilmenge des kartesischen Produkts W x C verstehen. Um die gewünschte Teilmenge als Wörterbuch zu erhalten, können Nebenbedingungen vereinbart werden. Hier die gebräuchlichsten:

B1: Für jedes Paar als Element der Teilmenge D gilt, daß die Bedeutung der enthaltenen Wortformen im Einklang mit der Definition der zugeordneten Kategorie steht.

Damit werden aus dem vollständigen kartesischen Produkt die "sinnlosen" Paare ausgeschlossen. Bei dem o. a. Beispiel fand diese Nebenbedingung Anwendung, so daß etwa das Paar (bald, SCHULD) nicht als Element in D enthalten ist.

B2: Jede Wortform aus der Wörterliste W darf höchstens in einem Paar der Teilmenge D auftreten.

Mit dieser Vereinbarung werden Mehrfachzuweisungen vermieden. Wird B2 auf das o. a. Beispiel angewendet, so muß für die Wortformen "abschneiden", "abgeschnitten" und "Messer" entschieden werden, mit welcher Kategorie sie in das Diktionär aufgenommen werden sollen. Schließlich könnte folgendes Diktionär entstehen:

D = (abschneiden, KASTRATION; abgeschnitten, KASTRATION; Messer, KASTRATION; Urteil, SCHULD; Urteile, SCHULD).

B3: In den Paaren der Teilmenge D dürfen nur Wortformen aus W auftreten, die gleichzeitig auch Grundformen sind.

Durch den Ausschluß flektierter Wortformen werden Diktionäre kleiner und damit leichter in der Handhabung. B3 auf das obige Beispiel angewendet ergibt das Diktionär:

D = (abschneiden, KASTRATION; Messer, KASTRATION; Urteil, SCHULD).

Standarddiktionär (14)

Wörterbücher, die die Nebenbedingungen B1, B2 und B3 erfüllen, heißen Standarddiktionäre.

Text (15)

Ein Text ist eine geordnete Menge von Wortformen, Satzzeichen und Kommentaren. Sprecherkennungen gehören nicht zum Text selbst, sondern kennzeichnen einen Text. Ein Text kann hierarchisch gegliedert sein. Bei Gesprächen werden folgende Stufen unterschieden:

- Wortform
- Äußerung
- Gespräch (Stunde)
- Gesprächsfolge (Behandlung)

Standardtext (16)
Unter einem Standardtext wird ein Text verstanden, dessen Wortformen auf Grundformen zurückgeführt sind. Ein Standardtext enthält also keine Vollformen. Seine Struktur und damit die Abfolge der Wortformen bleibt jedoch erhalten.

Type (17)
Alle verschiedenen in einem Text oder einer Wörterliste auftretenden Wortformen werden Types genannt.

Token (18)
Alle in einem Text oder einer Wörterliste auftretenden Wortformen werden Token genannt. Die Zahl der Token entspricht also stets dem Textumfang.

Korpus (19)
Unter einem Korpus wird eine Textmenge verstanden, die unter einem übergeordneten Gesichtspunkt zusammengefaßt wurde.
Beispiel: Die ULMER TEXTBANK umfaßt ein Korpus, das Texte aus der psychotherapeutischen Situation umfaßt. Aus diesem Gesamtkorpus lassen sich weitere Teilkorpora definieren. Beispielsweise stellt die im Hinblick auf das Geschlecht und Alter der Patienten ausgewählte Sammlung von Erstinterviews ein weiteres abgegrenztes Textkorpus dar.

3.3 Verarbeitungsformen

Die algorithmische Verarbeitung von Texten mit den im Rahmen der ULMER TEXTBANK angebotenen Methoden kann unter zweierlei Gesichtspunkten erfolgen. Zum einen läßt sich ein Text als eine Menge von Wortformen verstehen und demnach mit **mengenorientierten** Verfahren bearbeiten. Die andere Sicht beachtet die in einem Text vorhandene sequentielle Struktur der Wortformen. Diese Verfahren werden **strukturorientiert** genannt.

3.3.1 Mengenorientierte Verarbeitungsformen

Erstellen eines Wortformenverzeichnisses (A1)

Aus einem vorgegebenen Text werden die aufgetretenen Wortformen mit ihrer Auftretenshäufigkeit ermittelt und wahlweise alphabetisch oder nach Auftretenshäufigkeit sortiert als Datei oder als Ausdruck zur Verfügung gestellt.

Erstellen eines Grundformenverzeichnisses (A2)

Grundformenverzeichnisse lassen sich entweder aus einem zugrundegelegten Text oder aus einem zuvor erstellten Wortformenverzeichnis ermitteln. Alle darin auftretenden Vollformen werden auf ihre Grundform zurückgeführt und wiederum wahlweise sortiert nach alphabetischer Auftretensfolge oder nach Häufigkeit als Datei oder Ausdruck zur Verfügung gestellt.

Differenz zweier Vokabulare A und B (A3)

Es wird das Vokabular X ermittelt. Zu ihm gehören alle Paare, die im Vokabular A, nicht aber im Vokabular B enthalten sind.
Beispiel: Gegeben seien die Vokabulare A = (ich, 3; du, 7; er, 5; sie, 8) und B = (sie, 2; wir, 1). Als Differenzvokabular ergibt sich dann X = (ich, 3; du, 7; er, 5).

Weiterhin läßt sich die **eingeschränkte Differenz** beider Vokabulare ermitteln. Das bedeutet, daß Paare mit gleichen Wortformen in beiden Vokabularen vorkommen können, das Verhältnis der Auftretenshäufigkeit im Vokabular B zur Auftretenshäufigkeit im Vokbalar A desselben Wortes jedoch einen vorgegebenen Grenzwert nicht überschreitet.
Beispiel: Bei einem Grenzwert von R = 0.25 gehört auch das Paar (sie, 8) zum Vokabular X.

Durchschnitt zweier Vokabulare A und B (A4)

Es wird das Vokabular X ermittelt. Zu ihm gehören alle Paare, die sowohl im Vokabular A als auch im Vokabular B (möglicherweise mit unterschiedlicher Häufigkeit) vorhanden sind. Die Häufigkeit in den Paaren des Vokabulares X ergibt sich aus der Summe der Häufigkeiten der betreffenden Paare in A und B.

Anwendung eines Diktionärs D auf ein Vokabular A (A5)

Mit der Anwendung eines Diktionärs D auf ein Vokabular A erhält man für das Vokabular A sowohl eine Kategorienverteilung als auch eine Binnendifferenzierung jeder einzelnen Kategorie. Beispiel: Mit dem Diktionär D = (abschneiden, KASTRATION; Messer, KASTRATION; Urteil, SCHULD) und dem Vokabular A = (abschneiden, 4; Messer, 4; Urteil, 2) erhalten wir die Relation X = (abschneiden, KASTRATION, 4; Messer, KASTRATION, 4; Urteil, SCHULD, 2). Daraus erhalten wir die Selektionen S_1 = (KASTRATION, 8) und S_2 = (SCHULD, 2). Tabellarisch aufbereitet stellt sich das Beispiel wie in Tabelle 3.1 dar.

Anmerkung: Die Begriffe "Relation" und "Selektion" wurden aus der Relationenalgebra nach CODD (1970) übernommen. Damit ist es möglich, die hier beschriebenen Verarbeitungsformen in einer formalen mathematischen Weise darzustellen. Auf eine Wiedergabe wird hier im Sinne der Übersichtlichkeit verzichtet.

Wortform	Kategorie	h_{abs}	h_{rel}
abschneiden	KASTRATION	4	0.4
Messer	KASTRATION	4	0.4
		8	0.8
Urteil	SCHULD	2	0.2
		2	0.2
		10	1.0

Tabelle 3.1 Beispiel zur Anwendung eines Diktionärs auf ein Vokabular

D_1	WORTFORM	KATEGORIE	D_2	WORTFORM	KATEGORIE
	Anklage	ATTACK		Anklage	SCHULD
		LEGAL			
		SIGN-REJECT			
	Arzt	AUTH-THEME		Arzt	KASTRATION
		HIGHER STATUS			
		MEDICAL			
	Mutter	FAMILY		Mutter	TRENNUNG
		FEMALE-ROLE			
		HIGHER STATUS			
	Pleite	AVOID		Pleite	BESCHÄMUNG
		ECONOMIC			
	Rivale	ASCEND-THEME		Rivale	KASTRATION
		ATTEMPT			
		SIGN-REJECT			
	Sorge	DISTRESS		Sorge	SCHULD
		SIGN-WEAK			
	Wohnung	FEMALE THEME		Wohnung	TRENNUNG
		SOCIAL PLACE			
	Nackt	DANGER-THEME		Nackt	BESCHÄMUNG
		SENSORY-REFERENCE			
		SEX-THEME			

X	KATEGORIE IN D_2	KATEGORIE IN D_1
	BESCHÄMUNG	AVOID
		ECONOMIC
		DANGER-THEME
		SENSORY-REFERENCE
		SEX-THEME
	KASTRATION	ASCEND-THEME
		ATTEMPT
		AUTH-THEME
		HIGHER STATUS
		JOB-ROLE
		MEDICAL
		SIGN-REJECT
	SCHULD	ATTACK
		DISTRESS
		LEGAL
		SIGN-REJECT
		SIGN-WEAK
	TRENNUNG	FAMILY
		FEMALE-ROLE
		FEMALE-THEME
		HIGHER STATUS
		SOCIAL PLACE

Tabelle 3.2 Beispiel zur Evaluierung zweier Diktionäre

3.3.2 Strukturorientierte Verarbeitungsformen

Anwenden eines Diktionärs auf einen Text (A7)
Jede im zugrundgelegten Text aufgefundene Wortform wird im Diktionär aufgesucht und durch die zugeordnete Kategorie ersetzt. Wortformen, die nicht im Diktionär enthalten sind, werden durch die Kategorie "undefiniert" ersetzt. Das Ergebnis dieser Verarbeitungsform ist eine Kategorienfolge, die der sequentiellen Struktur des Ausgangstextes entspricht.

Bearbeiten einer Kategorienfolge (A8)
Mit Hilfe von Bedingungen und Anweisungen kann eine Kategorienfolge verändert werden. Folgende Bedingungen sind möglich:

- Existenz einer Kategorie in der untersuchten Folge;
- Position einer Kategorie innerhalb der untersuchten Folge;
- Vorgänger- und Nachfolgerrelation bezüglich einer Kategorie innerhalb der untersuchten Folge;
- Konjunktion zweier Kategorien innerhalb der untersuchten Folgen.

Bei zutreffenden Bedingungen kann eine der folgenden Anweisungen ausgeführt werden:

- Hinzufügen einer Kategorie;
- Löschen einer Kategorie;
- Ersetzen einer Kategorie;
- Ausdrucken der Umgebung einer Kategorie.

Interaktionssequenzen (A9)
Ausgehend von einer Kategorienfolge lassen sich die Kategorienabfolgen bei Sprecherwechsel formalisieren und entsprechend vorzugebender Modelle analysieren.

3.3.3 Zusammenfassung der Verarbeitungsformen

Mit der Unterscheidung nach mengen- und strukturorientierten Verarbeitungsformen lassen sich die Methoden zur Textanalyse zunächst in zwei Klassen aufteilen. Ein weiteres Unterscheidungskriterium ergibt sich aus der Möglichkeit, Texte, die einer Gesprächssituation entstammen, entweder in monadischer oder in dyadischer Sicht zu analysieren.

Bei der monadischen Sicht wird lediglich der Redebeitrag eines einzelnen Sprechers für die Analyse herangezogen. Bei der dyadischen Sicht werden insbesondere diejenigen sprachlichen Phänomene beachtet, die durch die Interaktion aller beteiligten Sprecher zustande kommen. Für eine computerunterstützte Textanalyse können damit vier Methodenbereiche unterschieden werden:

	MONADISCH	DYADISCH
MENGENORIENTIERT	Bereich 1	Bereich 2
STRUKTURORIENTIERT	Bereich 3	Bereich 4

Die Auswahl eines dieser Methodenbereiche richtet sich nach dem jeweiligen Forschungsziel. Nachfolgend werden exemplarisch einige Anwendungen und die dafür besonders geeigneten Methodenbereiche aufgeführt.

Methodenbereich 1

Sprachveränderungen beim Patienten im Verlauf einer psychotherapeutischen Behandlung.

Vergleich verschiedener Therapieformen

Vergleich verschiedener Patientengruppen.

Methodenbereich 2

Interaktionssequenzen in der therapeutischen Dyade.

Sprechertypologien

Methodenbereich 3
Assoziationsstrukturen beim Patienten.

Methodenbereich 4
Deutungsstrategien des Analytikers.

Für umfangreichere Fragestellungen wird man im allgemeinen Methoden aus verschiedenen Bereichen wählen, um so zu einer gegenseitigen Abstützung der Untersuchungsergebnisse zu gelangen.

3.4 Besonderheiten bei gesprochener Sprache

Die gesprochene Sprache weicht von der geschriebenen Sprache in vielerlei Hinsicht ab. In den nachfolgenden Unterabschnitten wird zu zwei daraus resultierenden Problembereichen Stellung bezogen, denen im Rahmen computerunterstützter Textanalysen besondere Bedeutung zukommt.

3.4.1 Das Problem der Transkription

In den vergangenen 12 Jahren sind eine Vielzahl von Transkriptionssystemen publiziert worden, von denen wohl HIAT1 und HIAT2 von EHLICH und REHBEIN (1976 bzw. 1979) die größte Verbreitung erfahren haben und die heute eine Art Standard darstellen. Die besonderen Belange im Hinblick auf eine computerunterstützte Analyse der transkribierten Texte werden dabei zumeist nicht beachtet. So ist es etwa äußerst umständlich, wenn nicht gar unmöglich, eine Partiturschreibweise für die sequentielle Arbeitsweise der Computer umzusetzen. Eines der wenigen für die maschinelle Verarbeitung geeigneten Systeme stammt von BAUSCH (1971), das bereits 1971 am Institut für Deutsche Sprache zur Anwendung bei gesprochener Hochsprache veröffentlicht wurde. Ihm haftet der Nachteil an, daß es von einem Satzbegriff ausgeht, wie er allenfalls in einer Untermenge der Textsorten gesprochener Sprache, wie etwa bei Vorträgen, zu finden ist. Das therapeutische Gespräch - hier muß allerdings von einer großen Variabilität ausgegangen werden - erlaubt es zumeist nicht, Satzgrenzen auszumachen. Vielmehr können hier Cäsuren im Redefluß ermittelt und der Text zu Kadenzen, wie bei HENNE und REHBOCK (1979) strukturiert werden. Damit ist aber beispielsweise der Punkt kein Satzzeichen im herkömmlichen Sinn mehr, sondern Notation für das Ausklingen einer Kadenz auf dem Grundton. Dies kann jedoch für eine satzbezogene linguistische Datenverarbeitung weitreichende Folgen haben.

Weitere Probleme ergeben sich aus der an sich vorteilhaften literarischen Umschrift. Was aber können die uns bekannten LDV-Algorithmen mit Wortformen wie "habs", "so ne" oder "son" anfangen? Wie wird mit Dialektismen oder Phänomenen des Sprachwechsels umgegangen?

Besondere Bedeutung kommt der Notation des Sprechausdrucks (s. WINKLER 1979, 1983) zu. Es hat sich beispielsweise gezeigt, daß die Beurteilung von Textausschnitten hinsichtlich positivem oder negativem Selbstgefühl des Sprechers (s. NEUDERT et al. 1984) erst durch die Hinzunahme von Notationen für die Betonung/Hervorhebung und Dehnung einer Wortform und der Unterscheidung nach dem Ausklingen einer Kadenz mit gehobener, gleichbleibender oder auf dem Grundton endender Stimmführung möglich wurde.

Im Rahmen der ULMER TEXTBANK wurden Transkriptionsregeln entwickelt, die einen Teil der Probleme zu lösen vermögen. Sie sind nach sieben bereits in Abschnitt 1.6 dieser Arbeit erörterten Prinzipien entstanden:

1. Morphologische Natürlichkeit der Transkripte
2. Strukturelle Natürlichkeit der Transkripte
3. Originalgetreue Wiedergabe durch die Transkripte
4. Universalität der Regeln
5. Vollständigkeit des Systems
6. Unabhängigkeit der Regeln

7. Intellektuelle Simplizität der Regeln

Selbstverständlich handelt es hierbei um Ideale, die sich wohl nie vollständig erreichen lassen. Erste Erfahrungen haben jedoch gezeigt, daß mit dem danach entwickelten Transkriptionssystem (siehe Anhang A) sowohl klinisch, etwa im Rahmen der Supervision, als auch wissenschaftlich - und zwar mit und ohne Computerunterstützung - gearbeitet werden kann.

3.4.2 Das Problem der Lemmatisierung

Bei einem der bekannteren Verfahren zur automatischen Lemmatisierung, dem von EGGERS et al. entwickelten SALEM (1980), findet sich bei dessen Beschreibung folgende Liste struktureller Beschränkungen, "die zu einem vorzeitigen Abbruch der Analyse und damit sehr wahrscheinlich zu unzureichenden Lemmatisierungsergebnissen führen können" (a.a.O. S.26). Im einzelnen sind dies:

- Partizipialsätze
- Einschübe in Klammern, die keine vollständigen Sätze sind
- Fehlerhafte Interpunktion
- Jahreszahlen
- Appositionen
- Direkte Rede
- Ausklammerung von Anreihungen oder Appositionen
- Unvollständige Sätze.

Diese Liste könnte ohne weiteres auch zur Charakterisierung typischer Merkmale gesprochener Sprache herangezogen werden. Das heißt aber, daß SALEM bei einer Anwendung auf Verbatim-Protokolle keine zuverlässigen Lemmatisierungsergebnisse erwarten läßt. Ein anderes, ebenfalls bekannter gewordenes Verfahren, das von WILLEE (1979, 1982) vorgestellte System LEMMA macht etwas mehr Mut. Mit seinen zwei Komponenten dürfte zumindest der wortformenbezogene Teil, mit Einschränkungen hinsichtlich Wortabbruch, Idiosynkrasie und literarischer Umschrift, mit den an Schrift- oder Hochsprache gewonnenen Ergebnissen vergleichbare Leistungsdaten liefern. Für den satzbezogenen Anteil von LEMMA dürfte jedoch dieselbe Aussage wie für SALEM gelten.

Es ist offensichtlich, daß hier weitere Entwicklungsarbeit geleistet werden muß. Vorzuschlagen wäre eine universellere Variante zur satzbezogenen Verarbeitung, die mit "umgebungsbezogen" bezeichnet werden könnte. BOOT (1976, 1977, 1978) hat hier den Begriff "pattern matching grammar" eingeführt, dessen praktische Umsetzung möglicherweise einen Schritt weiter führen könnte. Insbesondere wäre hierbei zu überlegen, inwieweit die gegenüber der Schriftsprache in der gesprochenen Sprache zusätzlich vorhandenen Informationen zum Sprechausdruck auf dem akustischen Kanal wie

- Tonhöhe
- Lautstärke
- Stimmfülle
- Klangfarbe
- Tempo
- Rhythmischer Ablauf
- Akzentuierung
- Artikulation
- Sprechstil
- Sinnform

sowie auf dem visuellen Kanal die

- Deutungshilfen und Kontrollmerkmale

zur Lemmatisierung und insbesondere zur Disambiguierung vorteilhaft herangezogen werden können (Auflistung nach FÄHRMANN 1967 S.115-119). Damit ist aber ein neues Arbeitsgebiet für die linguistische Datenverarbeitung aufgezeigt, das wie folgt skizziert werden könnte:

1. Grundlegende Untersuchungen über den Beitrag

   a) der Notation des Sprechausdrucks
   b) paraverbaler Spracherscheinungen
   c) nicht-verbaler Spracherscheinungen

   zur Bestimmung der Wortklasse und Bedeutungsvariante

2. Segmentierung nach Kadenzen als natürliche Grenze für umgebungsbezogene Analysen und

3. Einbeziehung von Spracherscheinungen wie

   Wortabbrüchen, Wortwiederholungen, Satzabbrüchen, Fehlleistungen, unverständlichen Redeteilen

4. Festlegung eines adäquaten Transkriptionsstandards.

Anwendungsfelder für eine "umgebungsbezogene Lemmatisierung gesprochener transkribierter Sprache" sind zusehends im Entstehen. Allein in der ULMER TEXTBANK warten 10 Millionen Wörter Fließtext auf eine qualifizierte computerunterstützte linguistische Analyse.

3.5 Textanalyse und minimaler Textumfang

Sollen für eine wissenschaftliche Untersuchung sprachliche Daten zur Ermittlung von Maßzahlen herangezogen werden, so stellt sich sehr schnell die Frage der geeigneten Stichprobenauswahl, schon deshalb, weil insbesondere bei der Analyse von Gesprächen ohnehin nur ein Ausschnitt aus der sprachlichen Kompetenz der untersuchten Sprecher zur Verfügung steht. Zwei Probleme grenzen sich ab: Die Bestimmung der **Textgrundgesamtheit** und die Bestimmung einer **Stichprobe** (s. unter linguo-statistischer Sicht ALEKSEEV 1984). Ersteres ist aus ökonomischen Gründen erforderlich, um für die Untersuchung klinischer Fragestellungen nur einen Teil der tatsächlich stattgefundenen Behandlungsstunden heranziehen zu können. Für Überlegungen hierzu wird auf KOPS (1977) oder GRÜNZIG (1984) verwiesen. Der andere Aspekt gilt dem Umfang eines für Analysen herangezogenen Textausschnitts. Von Bedeutung kann dies etwa bei der Entscheidung sein, ob für eine Untersuchung einzelne Äußerungen oder ganze Gespräche herangezogen werden sollen. Gesicherte wissenschaftliche Untersuchungen zu diesen Fragen liegen bis heute nicht vor. Sofern bei publizierten Arbeiten der Textumfang überhaupt beachtet wurde, stützen sich die Autoren vornehmlich auf Beobachtungen, die sie bei der Analyse ihres Sprachmaterials treffen konnten. GOTTSCHALK und GLESER (1969) stellen beispielsweise fest, daß bei einem Mindesttextumfang von 70 Wörtern (englischer Text) seine Skalen zur inhaltsanalytischen Erfassung von Angst einsetzbar wären. Für die deutsche Version dieser Skalen (s. SCHÖFER 1976a, 1976b, 1977) gibt SCHÖFER einen Wert von 100 Wörtern an. Methodisch begründet wird dieser Minimalwert mit der Reliabilität, mit der mehrere Beurteiler Testsätze einstufen konnten. Der Tübinger Sprachforscher RUOFF (1973) nennt als Mindest- und zugleich praktisch anwendbare Größe Textblöcke von 200 Wortformen. Er begründet dies damit, daß nach seiner Auffassung sprachnotwendige Erscheinungen normal verteilt sein sollten. Eben diese Normalverteilung stellt sich an dem von ihm untersuchten Korpus gesprochener Sprache im süddeutschen Raum bei der angegebenen Textblockgröße ein. Für computerunterstützte Textanalysen gibt es überhaupt keine begründeten Größenangaben, meist wird eine nicht näher erläuterte Empfehlung von 500 bis 1000 Wortformen ausgesprochen. Für die o. g. Methoden soll nun hier ein Weg zur Abschätzung des benötigten Stichprobenumfangs aufgezeigt werden, der die praktische Arbeit insbesondere bei der computerunterstützten Inhaltsanalyse unterstützt.

Die hier angestellten Überlegungen gehen von dem Gedanken aus, daß der Vorgang der Sprachproduktion beim Menschen als stochastischer Prozeß verstanden werden kann (s. BENNET 1977). Es gelten also für die Entstehung eines Textes Wahrscheinlichkeitsgesetze, welche die Abfolge der einzelnen darin enthaltenen Wortformen bestimmen. Diese Gesetze sind zunächst unbekannt, sie lassen sich jedoch auf empirischem Wege ermitteln. Hierzu werden folgende Annahmen gemacht:

1. Bei der zwischenmenschlichen Kommunikation auf sprachlicher Ebene lassen sich unterschiedliche Sprechsituationen defi-

nieren, für die unterschiedliche Wahrscheinlichkeitsgesetze gelten.

2. Eine Sammlung von Texten aus derselben Sprechsituation, kurz Textkorpus genannt, repräsentiert über die Abfolge aller enthaltenen Wortformen die Wahrscheinlichkeitsgesetze der betreffenden Sprechsituation.

Damit läßt sich aus einem Textkorpus das entsprechende **Basisvokabular** ermitteln. Statistisch gesehen kann nun das Basisvokabular als die Grundgesamtheit verstanden werden, aus der mit einem konkreten Text eine Stichprobe gezogen wird. Die im Basisvokabular gespeicherten Auftretenshäufigkeiten einzelner Wortformen können als Grundwahrscheinlichkeit für deren Auftreten angesehen werden und stellen so ein empirisch ermitteltes Wahrscheinlichkeitsmaß dar. Den Gedanken eines Basisvokabulars verwendet auch HENKEN (1976) anläßlich einer computerunterstützten Inhaltsanalyse an Dokumenten von Suizidanten. Zur Größe der Stichproben wird ausgeführt: "Each group contained a minimum of 1.000 words to insure reliability" (a.a.O. S.37). Die über das "Harvard III Psycho-Sociological Dictionary" ermittelten Kategorienanteile wurden mit einer **Baseline**, die an einem eine Million Wörter umfassenden Korpus amerikanischer Prosa aus dem Jahr 1961 ermittelt wurde (s. KUCERA und FRANCIS 1967) verglichen. Die Kategorienanteile schwanken bei dieser Untersuchung zwischen 0.06 und 8.93 %. Um die Ergebnisse für die einzelnen Texte vergleichen zu können, wurden für die Irrtumswahrscheinlichkeiten von 0.1, 1 und 5 % die signifikanten Abweichungen von der Baseline in beide Richtungen ermittelt. Nicht beachtet wurde in dieser Untersuchung, ob bei einer Stichprobengröße von 1000 Wörtern und beispielsweise der Auftretenswahrscheinlichkeit von 0.06 % überhaupt eine signifikante Abweichung für die vorgegebenen Irrtumswahrscheinlichkeiten möglich ist. Eine Abschätzung hierfür wird im folgenden hergeleitet.

Führen wir die oben definierte Verarbeitungsform (AS) zur Anwendung eines Diktionärs auf ein Vokabular für ein beliebiges

Diktionär auf das Basisvokabular durch, so erhalten wir für jede Kategorie ihre Auftretenswahrscheinlichkeit p_i bezogen auf die empirisch ermittelte Grundgesamtheit. Betrachten wir nun einen zu analysierenden Text als eine zufällige Stichprobe (wegen syntaktischer Konventionen ist dies sicherlich nicht der Fall, kann allerdings - zumindest unter mengenorientierten Gesichtspunkten - in hinreichender Näherung angenommen werden) aus der oben erwähnten Grundgesamtheit, so können wir bei einer vorgegebenen Irrtumswahrscheinlichkeit a Aussagen über die als zufällig zu betrachtenden Abweichungen der tatsächlichen Auftretenshäufigkeiten von dem Parameter der Grundgesamtheit machen. Die Wahrscheinlichkeit dafür, daß unter n Beobachtungen das Ereignis k_i z-mal auftritt, beträgt:

$$b = \binom{n}{z} p_i^z (1-p_i)^{n-z} \quad (3.1)$$

Da die Ereigniszahlen für jede der Kategorien die aufgrund der Grundwahrscheinlichkeit erwarteten Werte über- oder unterschreiten können, läßt sich sowohl eine untere Grenze z_u als auch eine obere Grenze z_o angeben:

$$\sum_{z=0}^{z_u} b \leq \frac{a}{2} < \sum_{z=0}^{z_{u-1}} b \quad (3.2)$$

und

$$\sum_{z=z_o}^{n} b \leq \frac{a}{2} < \sum_{z=z_{o+1}}^{n} b \quad (3.3)$$

Um zu einer Abschätzung des minimalen Stichprobenumfangs n_{min} zu gelangen, gehen wir von der Forderung aus, daß für jede zur Untersuchung herangezogene Kategorie eine überzufällige Abweichung von der Grundwahrscheinlichkeit möglich sein sollte. Mit anderen Worten: Für jede mögliche Ereigniszahl einer Kategorie, also von z=0 bis z=n soll eine außerzufällige Interpretation möglich sein. Diese Forderung findet ihren praktischen Sinn unter anderem darin, daß ein zu analysierendes Konstrukt durch das sich ausschließende Auftreten verschiedener Kategorien definiert sein kann. Die Wahrscheinlichkeit dafür, daß ein Ereignis bei n Beobachtungen und der Grundwahrscheinlichkeit p ($0<p<1$) genau 0-mal eintritt, beträgt

$$w^{(0)} = (1-p)^n. \tag{3.4}$$

Bei einer gegebenen Irrtumswahrscheinlichkeit a und zweiseitiger Fragestellung muß damit $w^{(0)}$ für jedes n kleiner a/2 bleiben. Aus der Ungleichung

$$(1-p)^n < \frac{a}{2} \tag{3.5}$$

und wegen

$$\lim_{n\to\infty} (1-p)^n = 0 \tag{3.6}$$

erhalten wir

$$n > {}^{(1-p)}\log \frac{a}{2} \tag{3.7a}$$

bzw.

$$n > \frac{\ln \frac{a}{2}}{\ln (1-p)} \tag{3.7b}$$

Dieses Ergebnis soll mit der folgenden Grafik (Abbildung 3.1), die z_u und z_o in Abhängigkeit des Stichprobenumfangs n für die Wahrscheinlichkeit p=10% aufzeigt, noch einmal verdeutlicht werden. Wird der nach (3.7a/3.7b) berechnete Grenzwert für n unterschritten, dann läßt sich das Ergebnis nur einseitig bezüglich der Abweichungen nach oben interpretieren. Im Anhang D dieser Arbeit befindet sich eine Tabelle, in der für die beiden gängigen Irrtumswahrscheinlichkeiten von einem und fünf Prozent der minimale Stichprobenumfang für Grundwahrscheinlichkeiten zwischen 0.01 und zehn Prozent wiedergegeben ist. Für die o. e. Arbeit von HENKEN ergibt sich daraus bei einer Irrtumswahrscheinlichkeit von fünf Prozent für die Kategorie "medical", die eine Grundwahrscheinlichkeit von 0.06% aufweist, ein minimaler Stichprobenumfang von 6146 Wörtern. Die von HENKEN gewählten 1000 Wörter reichen also für eine Interpretation der Befunde nicht aus.

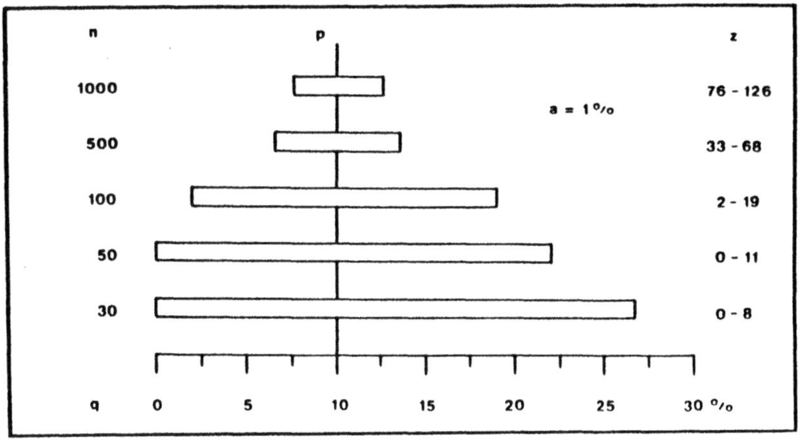

Abbildung 3.1 Konfidenzintervall für die Gtundwahrscheinlichkeit p=10% bei verschiedenem Stichprobenumfang n und der Irrtumswahrscheinlichkeit a=1%. Die Ereigniszahlen sind absolut mit z, relativ mit q angegeben.

Anmerkung: Für manche Textsorten wie etwa Fachgespräche mit spezifischem Vokabular kann es angebracht sein, statt der Binomial- die Poissonverteilung zugrunde zu legen. Dann gilt:

$$b = \frac{(pn)^k}{e^{pn}\ k!} \tag{3.8}$$

Für die Wahrscheinlichkeit, daß das Ereignis genau 0-mal eintritt folgt:

$$w^{(0)} = \frac{1}{e^{pn}} \tag{3.9}$$

Für die Abschätzung der unteren Grenze gilt damit:

$$\frac{a}{2} \geq e^{-pn} \tag{3.10}$$

bzw.

$$n > - \frac{\ln \frac{a}{2}}{p} \tag{3.11}$$

3.6 Textbankverwaltungssystem und Wortdatenbank

Im Forschungsbereich der linguistischen Datenverarbeitung und der künstlichen Intelligenz sind in den vergangenen Jahren zahlreiche Projekte entstanden, die sich teilweise auf größere Textkorpora stützen. Größtenteils wurden hierbei spezifische maschinenlesbare Wörterbücher entwickelt, die je nach Forschungsziel unterschiedliche Aspekte der gespeicherten Wortformen betonen. Es ist unmittelbar einleuchtend, daß hierbei an verschiedenen Stellen teilweise der gleiche intellektuelle Aufwand getrieben wurde, indem, um ein Beispiel zu nennen, die Wortartenbestimmung für gebräuchliche Wortformen sicherlich bereits hundertfach durchgeführt wurde. Der Gedanke einer Datenbank für Wortformen liegt nahe, wo alle wichtigen Informationen zentral gesammelt und bei Bedarf abgefragt werden können. Diesen Gedanken publiziert haben u. a. CALZOLARI (1983) für das Italienische und HEß, BRUSTKERN und LENDERS (1983) für das Deutsche. Dabei haben sich letztere während eines Forschungsvorhabens zur "vergleichenden Analyse maschinenlesbarer deutscher Texte" insbesondere mit dem Problem befaßt, wie die unterschiedlichen Darstellungsformen verschiedener maschinenlesbarer Lexika in eine einheitliche Struktur überführt werden können. Darauf aufbauend wollen sie, und haben auch bereits begonnen, eine "Wortdatenbank des Deutschen" erstellen (BRUSTKERN et al. 1984; BRUSTKERN und SCHULZE 1983; BRUSTKERN et al. 1983). Mit der Fertigstellung dieses Vorhabens stünde dann für den deutschen Sprachraum ein Instrument zur Verfügung, das getrost als einmalig bezeichnet werden könnte. Es gibt allerdings, wie im folgenden noch ausgeführt werden wird, Hinweise die vermuten lassen, daß darauf noch längere Zeit zu warten sein wird.

Die Wortdatenbank des Deutschen hat die Kumulation maschinenlesbarer Lexika des Deutschen zum Ziel. Hierzu war zunächst ein Vergleich aller in Betracht gezogenen Wörterbücher notwendig, um in der Folge als "Synthese" die Struktur der Wortdatenbank zu entwerfen. Letzteres ist in eindrucksvoller Weise durch die Definition von sogenannten "Bitleisten" gelungen, über die morphosyntaktische, syntaktisch-semantische und die Pragmatik betreffende Angaben codiert werden können. Kumulation im Sinne dieser Autoren bedeutet aber auch die computergestützte Übernahme der Wortformen aus den einzelnen Quellexika mitsamt der adäquaten Umsetzung der dort enthaltenen Informationen in die Struktur der Wortdatenbank. Spätestens mit dieser Zielsetzung wird jedoch der Erfolg der Wortdatenbank in Frage gestellt. Da die Anpassung der einzelnen Lexika auf die Struktur der Wortdatenbank nur teilweise automatisiert werden kann, müssen sowohl intellektuelle Arbeitsschritte dazwischengeschaltet als auch vielfältige Kompromisse getroffen werden. So wurde z. B. nach dem Prinzip des "kleinsten gemeinsamen Teilers" auf die Groß-/Kleinschreibung und auf die Darstellung von Umlauten verzichtet, eine Verwaltung von Mehrwortformen ist nicht vorgesehen. Unter ökonomischen Gesichtspunkten muß schließlich gefragt werden, ob es am Ende nicht sinnvoller gewesen wäre, für alle zur Verfügung stehenden Wortformen von Grund auf eine gänzlich neue Bestimmung entsprechend der mit den Bitleisten codierbaren Merkmale vorzunehmen. Bei einer gut aufbereiteten Menütechnik dürfte dieser Aufwand nicht größer sein, als die Überarbeitung der vorhandenen Kodierungen. Da in diesem Falle keine Kompromisse eingegangen werden müssten, ist darüberhinaus ein qualitativ besseres Ergebnis zu erwarten. Allerdings ist der Gesamtaufwand nicht unbeträchtlich, da bei 300 Tausend Wortformen und einer geschätzten mittleren Bearbeitungsdauer von 5 Minuten je Wortform immer noch 14 Mannjahre benötigt werden.

Die Frage, wem diese Mühe schließlich nützen könnte, scheint berechtigt. Die Lexikographen jedenfalls gehören da sicherlich nicht zu den potentiellen Kunden: Die in der Wortdatenbank des Deutschen enthaltenen oder vorgesehenen Informationen besitzen sie größtenteils selbst schon lange. Interessant wäre es für Projekte wie das der ULMER TEXTBANK, als Hilfe bei der Erschließung und Aufbereitung der gespeicherten sprachlichen Daten. Zu klären wäre also die Frage, ob bereits zum jetzigen Zeitpunkt die Leistungen der Wortdatenbank des Deutschen in Anspruch genommen werden können. Anläßlich einer Besichtigung des IDS im Frühjahr 1984 zeigte sich allerdings schnell, daß nur ein geringer Prozentsatz der 300 Tausend Einträge Informationen besaß, die über die Wortart hinausgingen. Zieht man weiterhin in Betracht, daß durch die eingegangenen Kompromisse hinsichtlich Groß-/Kleinschreibung und Umlautbehandlung - beides ist fester Bestandteil der ULMER TEXTBANK im Hinblick auf die Benutzerakzeptanz - der mögliche Nutzen selbst bei der Wortartbestimmung schon geschmälert ist, so bleibt schließlich kein überzeugender Grund, die Dienste der Wortdatenbank in Anspruch zu nehmen. Für die augenblickliche Arbeit der ULMER TEXTBANK kommt sie also zunächst nicht in Frage. Damit aber bleibt es bei der Fortsetzung des Aufbaus der bereits begonnenen lokalen Ulmer Wortdatenbank. Bei ihrer Strukturierung wurde allerdings darauf geachtet, daß die darin enthaltenen Informationen nach Möglichkeit ohne große Änderung zu einem späteren Zeitpunkt in die Wortdatenbank des Deutschen übernommen werden können.

3.6.1 Die Ulmer Wortdatenbank

Die Ulmer Wortdatenbank baut auf der Idee des seit fünf Jahren geführten "Basisvokabulars", einem Vokabular das alle in der ULMER TEXTBANK belegten Wortformen mit ihren Auftretenshäufigkeiten beinhaltet, auf. Seit zwei Jahren werden im Rahmen der im Routinebetrieb ablaufenden Textkorrekturen alle neu auftretenden Wortformen hinsichtlich Wortart und Lemma bestimmt. Diese Arbeit erfolgt am Datensichtgerät, wobei der Bearbeiter auf dem Schirm lediglich die zu bearbeitenden Wortformen angeboten bekommt. Als weiteres Arbeitsmittel besitzt er den gedruckten Text, in dem die zu bearbeitenden Wortformen rot aufscheinen. Damit ist sichergestellt, daß die Wortarten funktional-syntaktisch und die Lemmata kontextbezogen bestimmt werden können. Mit der geplanten Migration der ULMER TEXTBANK von der Entwicklungsmaschine TR440 auf den Nachfolger SIEMENS 7550 D ist vorgesehen, auch die Auflösung der Homographen bei der Textkorrektur mit abzuwickeln.

Weitere Informationen zu den Wortarten werden in unregelmäßigen Zeitabständen jeweils für einen größeren Block neuer Wortformen spaltengerecht auf Papier codiert und rationell erfaßt. Auf diese Weise lassen sich im Mittel zwei Wörter pro Minute kodieren. Die Auswahl der zu kodierenden Merkmale erfolgte im Hinblick auf die in Abschnitt 1.2.3 dieser Arbeit erwähnten Hypothesen und deren Überprüfbarkeit.

3.6.2 Struktur und Aufbau der Wortdatenbank

Die Ulmer Wortdatenbank ist logisch in zwei Bestände gegliedert:

- Verzeichnis der Lemmanamen
- Verzeichnis der Vollformen

Lemmanamen und Vollformen sind untereinander verkettet, so daß von jeder Vollform ausgehend ihr zugehöriger Lemmaname, und umgekehrt von jedem Lemmaname ausgehend alle zugehörigen Vollformen gefunden werden können.

Als wichtigste Regeln zur Lemmatisierung gelten die Beachtung der Übereinstimmung hinsichtlich Wortart und Wortbedeutung (für weitere Hinweise siehe Anhang B dieser Arbeit). Die Merkmalkataloge für die Ulmer Wortdatenbank setzen sich schließlich wie folgt zusammen:

LEMMANAMEN

1 graphematische Darstellung des Lemmanamens
2 Kennung für Bedeutungsvariante des Lemmas
3 Verweis auf zugehörige Vollformen
4 Semantische Beschreibung (geplant)
5 Auftretenshäufigkeit aller Belege des Lemmas
6 Angaben zur Grammatik des Lemmas
siehe dazu nachfolgende Tabelle

WORTART

1	Substantiv	7	Negation
2	Verb	8	Artikel
3	Adjektiv	9	Präposition
4	Adverb	10	Konjunktion
5	Pronomen	11	Interjektion
6	Numerale	12	Sonstiges

MORPHOLOGIE ZUM LEMMA

1 Simplex
2 Kompositum
3 Prä- und Suffixableitung
4 Stammableitung
5 Adjektivableitung
6 Infinitivableitung
7 Zahlen in nominaler Verwendung
8 Abkürzung
9 Eigenname
10 Mehrwortform

	WORTHERKUNFT		GENUS		PERFEKTBILDUNG
1	Fremdwort	1	männlich	1	haben
2	Dialekt	2	weiblich	2	sein
		3	sächlich		

VOLLFORMEN

1 graphematische Darstellung der Vollform
2 Kennung für Bedeutungsvariante der Vollform
3 Verweis auf zugehörigen Lemmanamen
4 Semantische Beschreibung (geplant)
5 Auftretenshäufigkeit aller Belege der Vollform
6 Angaben zur Grammatik der Vollform

siehe dazu nachfolgende Tabelle

STEIGERUNG/MINDERUNG		NUMERUS	
1	Diminutiv	1	Singular
2	Komparativ	2	Plural
3	Superlativ	3	Plurale tantum

MORPHOLOGIE ZUR VOLLFORM		KASUS/MODUS	
1	Partizip Präsens	1	Nominativ/Indikativ
2	Partizip Perfekt	2	Genitiv/Konjunktiv
3	Verbform Präsens	3	Dativ/Imperativ
4	Verbform Präteritum	4	Akkusativ
5	Infinitiv mit 'zu'		

3.6.3 Umfang der Wortdatenbank

Die Ulmer Wortdatenbank umfasst derzeit rund 70 Tausend Einträge. Knapp die Hälfte davon sind Lemmata. Eine Aufschlüsselung nach einem Teil der oben aufgeführten Merkmale für 57 Tausend bereits bearbeitete Wortformen geben Tabelle 3.3 und 3.4:

WORTART	abs	rel	WORTART	abs	rel
Substantiv	26463	46.4	Negation	4	0.0
Verb	17217	30.2	Artikel	16	0.0
Adjektiv	11147	19.5	Präposition	73	0.1
Adverb	788	1.4	Konjunktion	151	0.3
Pronomen	239	0.4	Interjektion	88	0.2
Numerale	476	0.8	Sonstiges	426	0.8

Tabelle 3.3: Verteilung der Wortarten in der Ulmer Wortdatenbank

	Subs.	Verb	Adj.	Adv.
MORPHOLOGIE				
Simplex	14.6	24.7	41.2	22.6
Kompositum	51.9	4.5	9.3	62.6
Prä/Suffix	11.2	62.2	17.0	2.8
Stammabl.	6.5		32.0	11.5
WORTHERKUNFT				
Fremdwort	30.5	8.2	23.7	8.8
Dialekt	1.1	7.3		
STEIG./MIND.				
Diminutiv	1.0			
Komparativ	0.3		1.8	0.8
Superlativ	0.4		1.7	3.4

(Angaben in Prozent/Wortart und Gruppe)

Tabelle 3.4: Verteilung ausgewählter Merkmale für je vier Wortarten aus der Ulmer Wortdatenbank

4 Das Textbankverwaltungssystem - ein Beitrag der angewandten Informatik im Anwendungsbereich der Psychotherapie.

Nachdem in den vorausgegangenen Kapiteln mit der auf sprachliche Daten gestützten Forschung in der Psychotherapie die Anwendungsumgebung sowie die sich daran anschließenden Fragestellungen der linguistischen Datenverarbeitung behandelt wurden, sollen in diesem Kapitel Aspekte erörtert und ausgeführt werden, die zur Realisierung des Textbanksystems geführt haben. Es handelt sich also um einen Beitrag zur angewandten Informatik, indem aufgezeigt wird, was vom heutigen Stand der Informatikforschung ausgehend, für die praktische Arbeit übernommen werden konnte. Einschränkungen waren hierbei allerdings in einem großen Ausmaß gegeben, da mit der verfügbaren Rechnerausstattung am URZ der Universität Ulm (TR440; voraussichtlich noch bis Mitte 1985) so gut wie keine Software-Werkzeuge verfügbar waren. Da andererseits die Rechnerablösung ursprünglich bereits für 1982 geplant war, wurden bei Projektbeginn (1980) die wenigen verfügbaren, jedoch in hohem Maße maschinenabhängigen Werkzeuge (z.B. der Maskengenerator FKON51, s. MERGENTHALER und STÖCKLEIN 1979) für die Realisierung des Textbanksystems nicht in Betracht gezogen. Manches wurde daher, in Ermangelung der hard- und softwaremäßigen Voraussetzungen "nur" auf dem Papier gelöst oder wurde unter Ausnutzung einer zur Verfügung stehenden Mikrocomputer-Ausstattung (TELECOMP 5200 und 5600) im Sinne eines "Rapid Prototyping" (s. KEUTGEN 1982) vorläufig gelöst und den Anwendern zur Verfügung gestellt.

4.1 Abgrenzung des Textbanksystems

In diesem Abschnitt soll der bisher deskriptiv verwendete Begriff des "Textbanksystems" spezifiziert und mit einer festen Bedeutung unterlegt werden. Hierzu erfolgt in einem ersten Unterpunkt eine definitorische Abgrenzung innerhalb der Familie der Informationssysteme. Eine Abgrenzung gegenüber realen oder geplanten vergleichbaren Systementwicklungen schließt sich an.

4.1.1 Definitorische Abgrenzung

Die in der ULMER TEXTBANK zu verwaltenden Dokumente stellen eine Sammlung von vorwiegend offenen Text-Corpora dar. Ein **offenes Corpus** ist dadurch gekennzeichnet, daß es einen Ausschnitt aus einer Grundgesamtheit darstellt der stets erweitert wird, ohne daß jedoch damit das Ziel einer Vollständigkeit verbunden werden könnte. Als Beispiel sei hier die Sammlung von vollständig transkribierten Kurzpsychotherapien genannt. Mit jeder neu begonnenen Behandlung könnte dieses Corpus erweitert werden, ohne jemals die Vollständigkeit oder Repräsentativität im Hinblick auf die Textsorte "Kurzpsychotherapie" zu erreichen. Erst durch die Festlegung einschränkender Merkmale für die Zusammenstellung eines Corpus kann der Charakter der **Geschlossenheit** annähernd erreicht werden. So besitzt etwa eine Sammlung von diagnostischen Erstinterviews dann einen höheren Grad an Geschlossenheit, wenn sie zu gleichen Teilen nach den Merkmalen "Geschlecht", "Alter", "Diagnose" und "soziale Schicht" zusammengestellt ist. Ein Beispiel für ein vollständig geschlossenes Corpus wäre etwa die Bibel (s. PARUNAK 1982).

Der Grad der Geschlossenheit eines Corpus hat auch einen Einfluß auf die Strategien bei der **Handhabung von Analyseergebnissen** von den Texten. Grundsätzlich sind zwei Wege offen: Beim einen werden alle verfügbaren Analyseergebnisse vollständig beim Text oder in direktem Bezug zum Text abgespeichert. Der andere Weg sieht die algorithmische Aufbereitung von Teilen des Corpus bei Bedarf vor. Wie auch bei PARUNAK (a.a.O. S.150) ausgeführt wird, neigen Anwender mit offenen Corpora zur algorithmischen Variante, während bei geschlossenen Corpora häufig die Speicherung vorhandener Ergebnisse aus vorausgegangenen Analysen bevorzugt wird. Dies ergibt sich auch aus wissenschaftstheoretischen Gesichtspunkten, wonach Forschung an geschlossenen Corpora zumeist einen vergleichenden Ansatz verfolgt. Offene Corpora stellen ihrerseits eine Stichprobe dar und werden für einen hypothesenprüfenden/hypothesengenerierenden Ansatz herangezogen. Sie werden zudem meist nur einmaligen Analysen unterzogen, während geschlossene Corpora eine teilweise sehr lange Geschichte als Gegenstand wissenschaftlichen Interesses aufweisen, wie an den Beispielen der Bibel- oder der Goetheforschung deutlich werden kann. Daraus erklärt sich auch, daß geschlossene Corpora zeitlich viel früher auf elektronische Speicher übernommen wurden, während offene Corpora teilweise heute noch als "Wegwerfware" gehandhabt werden. Am Beispiel der Erforschung psychotherapeutischer Gespräche läßt sich jetzt erst durch die Einführung des Textbankbegriffs und der zugehörigen technologischen Realisierung zunehmend der Effekt einer Mehrfachverwendung ein- und desselben Materials für wissenschaftliche Fragestellungen erkennen.

Für die ULMER TEXTBANK folgt, daß sie als Sammlung vornehmlich offener Corpora, Textanalysen durch algorithmische Aufbereitung zur Verfügung stellt. Sie wird aber im Hinblick auf eine ihrer Zielsetzungen, nämlich Möglichkeiten zur vielfachen Analyse mühselig gewonnener sprachlicher Daten zu eröffnen, auch vorsehen, bereits erzielte Analyseergebnisse bei den Texten abspeichern zu können. Für ein System zur Verwaltung der Textbank ergeben sich daraus die folgenden Aufgaben:

a) Erfassen und Aufbereiten von Texten unter vielfältigen Gesichtspunkten.

b) Verwalten beliebig vieler Texteinheiten auf dem Hintergrundspeicher einer Rechenanlage.

c) Verwalten von beliebig vielen Informationen über die Texteinheiten und deren Autoren sowie über die an ihnen durchgeführten Textanalysen.

d) Verwalten einer offenen Menge von Methoden zur Verarbeitung und Analyse der gespeicherten Texteinheiten.

e) Unterstützung von Schnittstellen zu Statistik- und sonstigen Anwenderpaketen.

f) Unterstützung einer einfachen, dialogorientierten Benutzerschnittstelle bei der Inanspruchnahme oder Durchführung der unter a) bis f) genannten Aufgaben.

Die unter a) genannten Aufgaben fallen in den Bereich der Textverarbeitung. Bei entsprechender Benutzerunterstützung wird von **Textverarbeitungssystemen** gesprochen.

Die unter b) angesprochene Aufgabe der Verwaltung beliebig vieler Texteinheiten auf dem Hintergrundspeicher ist Gegenstand einer langfristigen Datenhaltung. Die Bestände werden in Dateien gegliedert und auf magnetische Datenspeicher verteilt. Sofern über die vom Betriebssystem her vorgesehenen Zugriffspfade hinaus die Verwaltung der Dateibestände möglich ist, kann von einem Datenhaltungssystem oder **Dateiverwaltungssystem** gesprochen werden (z.B. ARCHIVE unter BS2000 von SIEMENS; DATATRIEVE unter VMS von DIGITAL EQUIPEMENT).

Die unter c) angesprochenen Aufgaben betreffen das Führen einer Datenbank mit allen nachfolgenden Leistungen. Sie werden von allgemeinen **Datenbankverwaltungssystemen** mit den klassischen Funktionen zur Datenbeschreibung sowie zur Datenhandhabung wie Aufnehmen, Ändern und Wiedergewinnen von Daten übernommen. Hinsichtlich der Datenstrukturen kann der hierarchische, der netzorientierte oder der relationale Ansatz unterschieden werden.

Der Unterpunkt d) stellt eine Methodensammlung dar, die unter Einbeziehung computergestützter Benutzerhilfen zur Methodenauswahl als Methodenbank bezeichnet werden kann. Weitere Hilfen wie die Methodendokumentation oder Parameterversorgung werden von dem **Methodenbankverwaltungssystem** übernommen. In diesen Aufgabenbereich fällt auch der Unterpunkt e) zur Realisierung von Schnittstellen.

Der Punkt f) faßt diese Aufgaben noch einmal zusammen unter dem Aspekt der Benutzerschnittstelle. Das TBS ist demnach ein integratives Gesamtsystem aus

Dateiverwaltungssystem,	DMS
Datenbankverwaltungssystem,	DBMS
Textverarbeitungssystem und	TMS
Methodenbankverwaltungssystem.	MBMS

Da die Auswahl der vom DBMS zu verwaltenden Daten wie auch der vom MBMS angebotenen Methoden an den vom DMS zu verwaltenden Texten orientiert ist, kann insgesamt von einem maßgeschneiderten Informationssystem gesprochen werden. Um diesem Sachverhalt terminologisch gerecht zu werden, wird daher, in Analogie zu den Teilkomponenten des Gesamtsystems folgende Definition getroffen:

Definition

Textbankverwaltungssystem (text base management system)
TBMS
Teilgebiet: Linguistische Datenverarbeitung

Das Textbank-Verwaltungssystem ist ein Informationssysstem, das Texte und Informationen über Texte verwalten kann und Verfahren der linguistischen Datenverarbeitung sowie der Textverarbeitung zur Texterschließung integriert. Es ist gekennzeichnet durch eine homogene Benutzerschnittstelle die Aufnahme, Verarbeitung, Ausgabe und Analyse der Texteinheiten im Dialog unterstützt.

Im Rahmen der ULMER TEXTBANK wird hierfür der Kurzbegriff **Textbanksystem** und die entsprechende Abkürzung **TBS** verwendet.

Gegenüber den Dokumenten-Retrieval-Systemen unterscheidet sich das TBMS somit dadurch, daß es zusätzlich die Komponenten der Textverarbeitung und der Methodenbank enthält. Andererseits liegt beim TBMS der Retrieval-Schwerpunkt derzeit noch auf dem Daten-Retrieval, sofern Anfragen über die Autoren der Texte erfolgen und auf dem Dokumenten-Retrieval, wenn Textreferenzen über textimmanente Eigenschaften ermittelt werden sollen. Das

Fakten-Retrieval ist dennoch konzeptioneller Bestandteil eines TBMS, auch wenn bis heute keine produktionsreifen Systeme für den Einsatz bei großen Textmengen aus dem umgangssprachlichen Bereich verfügbar sind. Idealiter sollte es diesbezüglich ohnehin im TBMS keine Unterscheidung geben. "Der integrierte Einsatz beider Retrievalarten in einem System ist eine Forderung, die immer wieder erhoben wird, da dies den Gegebenheiten der Praxis näher kommt" (JOCHUM 1980 S.124). Dieser Satz kann nur unterstrichen werden.

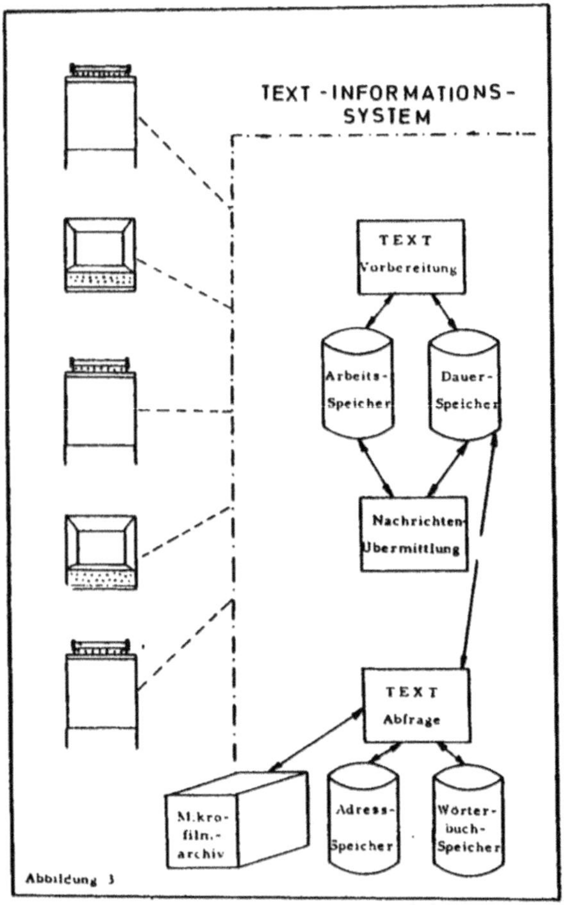

Abbildung 4.1 "Text-Bank-System" nach DÜRR (1970 S.313)

4.1.2 Vergleichbare Systementwicklungen und Lösungsansätze

Vollständige Dokumente als Datenobjekte haben in der Datenverarbeitung noch keine große Tradition. Zwar werden Texte schon fast so lange wie es die EDV gibt auch be- und verarbeitet. Ein frühes Beispiel ist das von DÜRR (1970) vorgestellte Textinformationssystem zum Verwalten von Texten in einem Mikrofilmarchiv (s. Bild 4.1). Der einer Datenbank analoge Gedanke einer Textbank mit entsprechender Systemumgebung tauchte im deutschsprachigen Raum jedoch erst am Ende der siebziger Jahre auf. Unabhängig voneinander wurde am Max-Planck-Institut für Geschichte in Göttingen, an der Abteilung Psychotherapie der Universität Ulm (beide Ende 1978) und an der Fakultät für Soziologie der Universität Bielefeld (Ende 1979) mit der Konzeption von Systemen begonnen, die der oben gegebenen Definition eines TBMS entsprechen. Einer breiteren wissenschaftlichen Öffentlichkeit wurden diese Projekte durch eine Reihe nachfolgender Publikationen bekanntgemacht: MERGENTHALER 1979, 1981, 1983, 1984; MERGENTHALER und KÄCHELE 1983; THALLER 1980a, 1980b, 1982, 1983a, 1983b, 1983c, 1984b; PAULUS 1984. Aus dem anglo-amerikanischen Sprachraum sind bisher keine Systementwicklungen dieser Art bekannt geworden. Der Grund hierfür dürfte wohl in einer sich unterscheidenden Forschungsförderung für die Sozialwissenschaften - hier ist der Bedarf für ein TBMS bisher am deutlichsten zu Tage getreten - zu finden sein. So ist beispielsweise für die in der Psychotherapieforschung tätigen amerikanischen Kollegen ein extensiver Zugang zum Computer eine unüberwindliche finanzielle Barriere. Dies hat zur Folge, daß zwischenzeitlich im Rahmen kooperativer Forschungsvorhaben in Ulm Textdaten aus Philadelphia und San Francisco verwaltet werden. Im Hinblick auf die Geschichtswissenschaften gilt ähnliches für Göttingen.

Aspekte zu einzelnen Systemen oder Systemlösungen

Mit der Entwicklung des System **CLIO** wurde Ende 1978 am Max-Planck-Institut für Geschichte in Göttingen begonnen. Die Zielsetzung war, ein allgemeines datenbankorientiertes Programmsystem zu erstellen "das in der Lage sein sollte, möglichst jede Form der Bearbeitung möglichst jeden Typs historischen Quellenmaterials zu unterstützen" (THALLER 1984 S.98). Als praktische Forderung wurde hinzugefügt, daß die Originaltreue einer Quelle, unabhängig von den daran durchzuführenden Auswertungen, erhalten bleiben soll, so daß die Benutzerschnittstelle etwa mit der von gängigen Statistikpaketen, wie SPSS, vergleichbar ist und für den Anwender möglichst wenig Kenntnisse des lokalen Betriebssystems Voraussetzung sind. Die Realisierung dieses Vorhabens stellt mittlerweile ein komplexes System dar, das alle Komponenten eines TBMS beinhaltet (siehe dazu CLIO-Benutzerhandbuch: THALLER 1982, 1983a sowie CLIO-Einführung und Systemüberblick, THALLER 1983b).

Die Verwaltung der Textquellen wird dem Benutzer von CLIO weitgehend abgenommen, indem das gesamte Dokument mitsamt den beliebig vielen beschreibenden Merkmalen in "Systemdateien" überführt und auf dem Hintergrundspeicher abgelegt wird. Die besondere Stärke von CLIO liegt jedoch in dem Datenbankteil, der, ausgehend von den Beschreibungsmerkmalen umfangreiche Recherchen in der Textbank zuläßt. Die Auswahlmöglichkeiten orientieren sich dabei an den in den Geschichtswissenschaften üblichen Fragestellungen sowie an den Besonderheiten des zugrundeliegenden Datenmaterials. Als Beispiel sei hier die Darstellung von Kalenderdaten im deutschen Stil, amerikanischen Stil, lateinischen Stil oder Revolutionsstil erwähnt, die von CLIO in ihren wirklichen temporalen Zusammenhängen interpretiert werden können. Ein weiteres hervorstechendes Merkmal ist die Möglichkeit zur Verarbeitung von unvollständigen Angaben und von unscharfen Werten (s. THALLER 1984a).

Weniger ausgeprägt ist in der augenblicklichen verfügbaren Version von CLIO der Methodenbankaspekt. Hier sind die Möglichkeiten auf die einfacheren Verfahren der linguistischen Datenverarbeitung, Inhaltsanalyse und Druckaufbereitung beschränkt. Eine Weiterentwicklung, die umfangreiche Stringmanipulationen in das System einführen soll, ist jedoch bereits in Arbeit. Neben einer damit erhofften Möglichkeit zur Lemmatisierung wird vor allen Dingen die Möglichkeit einer weiter verbesserten Suchsprache gesehen um "den Sprachinhalt eines unbegrenzten Kontextes, ausgedrückt in einer wortorientierten Datei zu nutzen, um zurück in das Datenbanksystem zu springen, aus dem die relevanten Texte stammen und um dort weitere spezifische Datenbankaktivitäten zu steuern" (THALLER 1983c S.265).

Die Benutzerschnittstelle von CLIO ist sprachorientiert (baut auf lateinischen Sprachelementen auf). Von den Möglichkeiten einer Benutzerführung mit Hilfe von Menü- und Maskentechniken wird kein Gebrauch gemacht. Die Implementierung des Systems erfolgte in FORTRAN, ASSEMBLER und PL/1 auf einer UNIVAC 1100. Die geplante Weiterentwicklung von CLIO beinhaltet dann auch eine höhere Portabilität des Systems zu erreichen.

Im Gegensatz zu CLIO, das mit seiner allgemeinen Zielsetzung sich für viele verschiedenartige Projekte als Instrument anbietet, wurde das Programmsystem **TEXTAN** (PAULUS 1984) speziell für ein Forschungsprojekt aus dem sozialwissenschaftlichen Bereich entwickelt. Als Datenobjekte sollten zahlreiche Interviews computergestützt verwaltet und ausgewertet werden. Seine Konzeption erfolgte ebenfalls als integratives Zusammenspiel der für ein TBMS typischen Module. Diese wurden wiederum unter Einsatz weitgehend herstellerspezifischer Software (TR440) implementiert.

Die Datenerfassung erfolgte bei diesem Projekt über die OCR/A-Belegleser-Soft- und Hardware der ULMER TEXTBANK. Der Methodenbankaspekt ist auch bei TEXTAN auf die einfacheren Methoden der linguistischen Datenverarbeitung beschränkt. Mittlerweile ist das Projekt abgeschlossen. Jedoch wird das Programmsystem TEXTAN mit der Ablösung der TR440 wegen seiner hohen Maschinenabhängigkeit keine weitere Verwendung finden können.

Neben diesen beiden Systemen und dem in dieser Arbeit beschriebenen Ansatz des Ulmer Textbanksystems TBS, die alle drei den integrativen Ansatz von Datei-, Datenbank- und Methodenbank-Verwaltungssystemen verfolgten, gab es in den letzten Jahren noch eine Reihe weiterer Ansätze, bei denen auf ganz unterschiedliche Weise einzelne **Teilaspekte** eines TBMS in den Vordergrund gestellt und realisiert wurden. Einige typische Beispiele werden nachfolgend kurz referiert.

SCHUPP (1984) berichtet von der Entwicklung eines "Text-Management-Systems" **TMS** "als Hilfsmittel zur ökonomischen Verwaltung von Texten auf der Basis von Interaktionen ... Es sollte eine flexible Handhabung eines Ordnungssystems für die inhaltliche Einteilung des Textes ermöglichen und darüber hinaus ist jederzeit eine Informationsrückgewinnung (auch im Kontext) zu garantieren" (a.a.O. S. 96). Der Schwerpunkt von TMS liegt auf einer stark ausgebauten Editor-Komponente, mit deren Hilfe ein Text zusätzlich kodiert werden kann, bevor er in der Textbank abgelegt wird. Anhand dieser Kodierungen können die Texte neu geordnet und ausgedruckt werden. Eine ausgeprägte Datenbankkomponente, mit der Möglichkeit zum Auswählen einzelner Objekte, ist nicht enthalten.

Den Versuch zur Realisierung einer TBMS-ähnlichen Lösung mittels eines kommerziell verfügbaren Datenbanksystems (**SIR**, STATUS-GmbH, Berlin) haben DEGENHARDT und DEGENHARDT (1984) unternommen. Sie teilten hierzu den Text in Zeilen, numerierten sie und speicherten sie zusammen mit weiteren Angaben als einfache Daten in dem Datenbanksystem ab. Durch die Beibehaltung der Zeilennummer als Sortierbegriff kann dann über weitere Merkmale mit Hilfe der Suchsprache eine Auswahl von Texten getroffen werden. Dieser Ansatz erweist sich allerdings bei größeren Textmengen als nicht mehr praktikabel.

Ebenfalls auf ein Datenbanksystem bezieht sich der Ansatz von STONEBRAKER et al. (1983). Aufbauend auf **INGRES** (HELD et al. 1975; STONEBRAKER et al. 1976) entwickelten sie einen Vorschlag, wie Dokumente im Rahmen einer relationalen Datenbank verwaltet werden können. Ihre Anregung geht dahin, daß Datenelemente eingeführt werden, die variabel lange Strings sein können und, daß die entsprechenden Stringoperationen zur Verfügung gestellt werden. Der Vorteil dieser Lösung liegt darin, daß eine Texterschließung auf sehr einfache und anwenderorientierte Art und Weise durchgeführt werden kann. Für geschlossene Corpora auch größeren Umfangs kann dieser Weg sehr geeignet sein. PARUNAK (1982) hat dies an dem bereits o. e. Bibelkorpus gezeigt.

Ein Dokumentationssystem (**STAIRS**, IBM 1972) haben GASS et al. (1983) zum Verwalten einer Traum-Datenbank **TDB** herangezogen. Die einzelnen Träume werden hierzu als Dokumente ebenso wie die beschreibenden Merkmale in die Datenbank eingebracht. Über die Retrieval-Sprache kann dann eine gezielte Auswahl stattfinden. Inhaltliche Traumanalysen werden dadurch realisiert, daß in den Traumtext intellektuell ermittelte Kodierungen eingefügt werden, die dann später wiederum als Auswahlkriterien dienen können.

Das System **MINDOK** (INFODAS 1983) setzt seinen Schwerpunkt auf die Erfassungsphase von Dokumenten. Neben umfangreichen Plausibilitätsprüfungen an den die Dokumente beschreibenden Daten, wird auch die korrekte Schreibweise des Klartextes anhand anwenderspezifischer Wörterbücher überprüft. Im übrigen werden, wie im vorigen Beispiel, Daten und Dokumente in einer gemeinsamen Datenbank verwaltet. Eine Methodenbank ist in MINDOK nicht mit eingeschlossen, jedoch ist eine Schnittstelle vorgesehen, über die ein Anwender eigene Textanalyseprogramme einbringen kann.

Eine ähnliche Zielsetzung weist das System **MIDOC** (KOWARSKI und MICHAUX 1983) auf. Es besitzt eine ausgeprägte Textverarbeitungs- und eine Datenbankkomponente. Es ist für den Einsatz in einer Büroumgebung konzipiert und auf einem Mikrocomputer realisiert. Entsprechend verfügt es über keine Textanalysemethoden.

Ganz anders ist die Zielsetzung bei dem System **SONIS** (STELCK, 1984), dessen drei Hauptkomponenten das Datenbank-, das Methodenbank- und das Modellbanksystem sind. Die Datenbankkomponente baut auf dem relationalen Modell auf. Allerdings sind Texte als Datentypen nicht realisiert, so daß sie nur wie in der im o. e. Beispiel von Parunak praktizierten Weise bearbeitet werden können. Die Methodenbankkomponente ist dafür umso flexibler, da sie noch um den Modellaspekt erweitert ist, worunter hier die problemspezifische Festlegung anwendbarer Methoden, der Ablauf der Methoden und die Zulässigkeit der Daten zu verstehen ist.

Abschließend sei noch ein letzter Ansatz erwähnt, wie er in Systemen zur computergestützten Inhaltsanalyse üblich ist. Sowohl in **LDVLIB** (DREWEK und ERNI 1982) als auch in **TEXTPACK** (MOHLER und ZUELL 1984) werden die Texte zusammen mit identifizierenden Merkmalen in Systemdateien abgelegt. Unter Bezugnahme auf die Identifikatoren ist es dann möglich, aus einer solchen Systemdatei Teilkorpora zusammenzustellen. TEXTPACK bietet darüber hinaus die Möglichkeit, Verknüpfungen zwischen einer beliebigen Datendatei und der Systemtextdatei herzustellen, um so anhand weiterer Kriterien Texte auszuwählen. Dieser Systemtyp hat andererseits und insbesondere bei LDVLIB eine ausgeprägte Methodenbankkomponente. Der Datenbankaspekt und in TEXTPACK auch der Dateiverwaltungsaspekt spielen dagegen - falls überhaupt - eine untergeordnete Rolle.

4.1.3 Einsatzmöglichkeiten von TBMS

Grundsätzlich können Textbankverwaltungssysteme überall dort eingesetzt werden, wo Texte in größerer Zahl entstehen oder benötigt werden und nicht ausschließlich zum einmaligen Gebrauch bestimmt sind. Damit eröffnet sich ein breites Spektrum vom Büro über die Verlage, Behörden und Krankenhäuser bis hin zu den Universitäten. Tatsächlich ist aber in all den genannten Bereichen der Textbankgedanke erst allmählich im Entstehen. So setzt, um ein Beispiel zu nennen, KNAUEL (1982) in seinem Artikel über die Buchherstellung in den achtziger Jahren hinter seine Überschrift "Zauberwort'Textbank'" noch ein Fragezeichen. Genauso war dieses Thema auf der neunten Internationalen Konferenz über "Very Lage Data Bases" 1983 in Florenz noch einem Panel "Complex data objects: Text, Voices, Images: Can DBMS Manage Them?" vorbehalten. Erstmals findet nächstes Jahr (Anfang 1985) in Karlsruhe eine Fachtagung statt, die sich ausschließlich dem Problem der **Quellenbanken** widmet, wobei hier unter einer Quellenbank die Verallgemeinerung des Systemtyps TBMS verstanden wird, indem außer Texten auch weitere **komplexe Datenobjekte** wie Sprache oder Bilder verwaltet werden. Demgegenüber findet in den USA nächstes Jahr nun bereits die fünfte Internationale Konferenz über Datenbanken in den Human- und Sozialwissenschaften statt, wo Quellenbanken im Mittelpunkt des Interesses stehen. An diesen Beispielen wird offensichtlich, daß die Informatik jetzt erst ein Problemfeld aufgreift, das auf der Anwenderseite bereits seit mehreren Jahren besteht.

Ein völlig unbearbeitetes Gebiet ist in dieser Hinsicht der Büro- und Verwaltungssektor (s. CROFT und PEZARRO 1982). Hier entstehen in den nächsten Jahren durch die günstig angebotenen Textverarbeitungssysteme eine Flut von Dokumenten, für die es zumeist keinerlei Verwaltungshilfsmittel gibt. Um der Berge von Disketten, die sich mancherorts um die Textautomaten herum in den Regalen auftürmen, Herr zu werden, wäre ein TBMS sicherlich ein wertvolles Instrument.

4.2 Software-Technologie und TBS

Dieser Abschnitt befaßt sich zunächst mit allgemeinen Gesichtspunkten zur Software-Entwicklungsmethodik. Danach wird die für den Entwurf des TBS verwendete Methode erörtert. Schließlich wird noch kurz auf einige Aspekte der Softwareergonomie eingegangen.

4.2.1 Entwurfsmethodik

Die Geschichte der Softwareentwurfsmethoden reicht zurück bis in die späten sechziger Jahre. BÖHM und JACOPINI (1966) zeigten damals auf, daß es möglich ist, Programme zu schreiben, die lediglich auf logischen Kontrollstrukturen aufbauen. Im einzelnen unterschieden sie die Sequenz, die binären Entscheidungen und die Schleifenbildung. DIJKSTRA (1968a, 1968b, 1970 und 1972) entwickelte wenig später eine ganze Reihe von Gedanken und Ideen, die das 'GOTO' als Fehlerquelle deutlich werden ließen und als Alternative die strukturierte Programmierung herausstellten. Ihm folgte WIRTH (1971). Die mathematischen Grundlagen wurden von MILLS (1972) erarbeitet, indem er die Gedanken von DIJKSTRA, BÖHM und JACOPINI zusammenfaßte und damit einen Wandel in Gang brachte, bei dem die Methodologie des Programmierens sich zusehends von einer individuellen Fertigkeit zu einer Ingenieurtätigkeit entwickelte (siehe dazu TAUSWORTHE 1977 S.99ff; Eine kritische Einstellung hierzu unter dem Gesichtspunkt der Industrialisierung findet sich bei EGGELING 1984). Als Darstellungsmittel wurden von NASSI und SHNEIDERMAN (1973) die **Struktogramme** vorgeschlagen, die inzwischen eine starke Verbreitung in der praktischen Arbeit mit strukturierten Programmen gefunden haben. An praktischen Hilfsmitteln und Konzepten entstanden daraus die Entscheidungstabellen, die normierte Programmierung, der Pseudocode und Programmierhilfen zur Anwendung der strukturierten Programmierung.

In den folgenden Jahren wurde zusehends ein weiteres Problem bei der Software-Entwicklung erkannt. TAUSWORTHE bezeichnete es als "Development gap" (siehe dazu Bild 4.2) und meinte damit die Kluft zwischen dem problemorientierten Lösungsvorschlag und der maschinenorientierten Lösungsmöglichkeit. "Strukturierte Entwurfsmethoden sind Versuche, diese Kluft zu überbrücken. Insofern sind sie für den DV-Anwender potentiell viel wichtiger, als nur das Programmieren in Sequenz-, Auswahl- und Wiederholungsstrukturen" (SNEED 1979 S.718). Durch Hinzufügen von Richtlinien, Vorgehensplänen und Symboliken zu den Struktogrammen entstanden in den Jahren 1975 bis 1979 eine Fülle von **Software-Entwurfsmethoden**. Von den bekanntesten seien hier einige genannt: Hierarchical Input-Processing-Output (HIPO, IBM 1975), Structured Analysis and Design Technique (SADT, SOFTECH 1978; ROSS 1977), Jacksons System Development (JSD, JACKSON 1983); Information Systemswork and Analysis of Changes (ISAC, LUNDEBERG et al. 1979), Nijssens Information Analysis Methodik (NIAM, VERHEIJEN und Van BEKKUM 1982). Zur weiteren Lektüre wird auf BLANCK und KRIJGER (1983) oder SCHULTZ (1982) verwiesen.

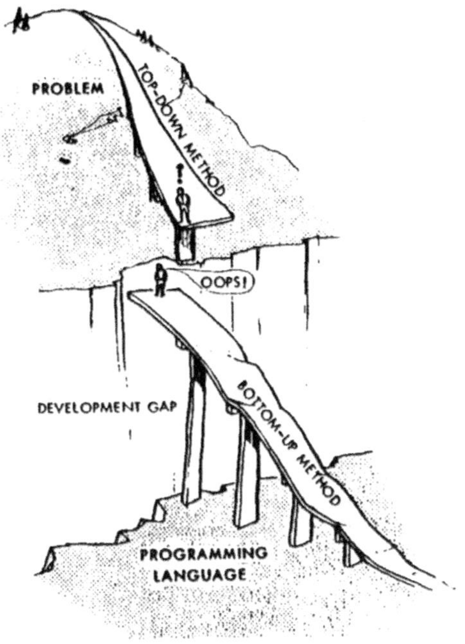

Figure 1-1. Bridging the software gap

Abbildung 4.2 "Development Gap" nach TAUSWORTHE (1977 S.6)

Ein erster Versuch der vergleichenden Bewertung von Software-

Entwurfsmethoden wurde 1982 auf einer Konferenz in Holland (OLLE et al. 1982) und noch einmal 1983 in England (OLLE et al. 1983) unternommen. Um zu einem Vergleich zu gelangen, gaben die Organisatoren der ersten Konferenz eine Standardanwendung vor, zu der dann die Autoren der einzelnen Methoden einen Lösungsvorschlag vorlegen sollten. Dieser Ansatz wurde jedoch nur teilweise ein Erfolg, da sich sehr schnell zeigte, daß durch die Anwendung der Standardfälle nicht alle Möglichkeiten der einzelnen Methoden abgedeckt werden konnten. In der zweiten Konferenz wurde deshalb die Analyse der einzelnen Komponenten stärker betont, was jedoch wiederum den Vergleichsaspekt in den Hintergrund rückte. Kritisch mit derart vergleichenden Vorhaben setzten sich auch MADDISON et al. (1983) auseinander. Anstatt zu vergleichen, stellen sie acht Methoden einander gegenüber, indem sie bei mehr als 40 Merkmalen jeweils zu jeder der acht Methoden eine Aussage machen. Die Bedeutung dieser Arbeit liegt aber weniger in der Zusammenstellung dieser Merkmale als in den Schlußfolgerungen, die die Autoren aufgrund der Beschäftigung mit der Materie ziehen konnten. Drei davon seien kurz hier erwähnt. So stellen sie unter anderem fest, daß fast alle Entwurfsmethoden noch in der Entwicklung begriffen sind. Daraus folgt, daß sich zumindest bis 1983 noch **kein Standard** herausgebildet hat. Weiterhin stellen sie fest, daß die meisten Methoden sich stark auf einen **intuitiven Zugang** zum Analyse- und Designprozeß verlassen. "The phases and tasks which form the methodology are described in terms of 'what' should be done and rarely, if ever, in terms of 'how' they should be done" (a.a.O. S.99). Als drittes sei noch der Vorschlag erwähnt, wonach die Autoren von Entwurfsmethoden den Gesichtskreis, die Zielsetzung, die Philosophie, die Vorannahmen und die Erwartungen auf die eine Methode aufbaut, benennen sollen. Auf dieser Grundlage kann es dann einen Sinn machen, tatsächliche Benutzererfahrungen einzuholen und sie an den Zielsetzungen der Methode und an den Erwartungen der Benutzer zu messen.

Der derzeitige Trend bei Entwurfsmethoden zielt auf eine Einbettung in eine **Software-Entwicklungsumgebung**. In diesem

Sinne unterstützt das als Konzept vorgeschlagene Computergestützte Programmier-(Problemlösungs-) Unterstützungssystem von ACTIS (COMPACT, Actis GmbH Stuttgart, ohne Jahr) folgende Bereiche:

- Systembeschreibung, Entwicklung und Konsistenzprüfung;
- Terminologiekontrolle;
- Datenbank/Dateistrukturentwurf;
- Generierung von lauffähigen Programmen zur Stammdatenverwaltung;
- Generierung von lauffähigen Programmen zur Reporterstellung;
- Dialogprogrammgenerierung;
- Generierung von Dateikonvertierungsprogrammen;
- Generierung von Standardverarbeitungsroutinen;
- begleitende Dokumentation des gesamten Problemlösungsprozesses.

Eine Realisierung zum ersten Teilaspekt dieser Aufzählung stellt die *ISAC-Methode (Informationsfluß-Symbolik für Angewandte Computertechnik, JOCHUM und WINTER 1981; GERKENS und WINTER 1984) dar. Es handelt sich um eine Modifikation des von LUNDEBERG et al. (1979) vorgestelltem Konzeptes (zur Unterscheidung wird die ACTIS-Variante hier mit einem Stern präfigiert), indem "die Darstellungselemente auf zwei Sorten reduziert und das Verfahren methodologisch vereinfacht wurde" (a.a.O. S.6). Gleichzeitig ergab sich damit die Möglichkeit, das Verfahren durch die Instanz/Kanal-Interpretation der Petrinetze theoretisch zu fundieren (s. GODBERSEN 1983 S.41-63).

SCHULTZ (1982b) schlägt für Software-Produktions-Umgebungen als methodologischem Vorgehen den Begriff des CAS (Computer Aided Software Design) vor. Aufgegriffen haben diesen Begriff auch GOTTHARD, ZINCKE und DRECKMANN (1984) für die von ihnen vorgestellte "integrierte Methode zum Softwareentwurf ANIMOS". Sie stellen drei Forderungen an modernes Software Engineering:

1. Symmetrische Sicht von Funktionen und Daten
2. Abdeckung der Entwicklungsphasen
3. Einbettung in eine Software-Entwicklungsumgebung.

Bislang gänzlich unbeachtet bleibt von allen Software-Entwurfsmethoden der zukünftige Benutzer der zu erstellenden Software. Es soll deshalb hier eine vierte Forderung hinzugefügt werden:

4. Orientierung an einem Benutzermodell.

In den vergangenen Jahren konnte des öfteren die Erfahrung gemacht werden, daß bei der Einführung von Informationssystemen in großen Betrieben oder Behörden Probleme im allgemeinen und zwischenmenschlichen Verhalten der Belegschaft aufgetreten sind. Nicht selten führten solche Probleme zu einem völligen finanziellen Fehlschlag bei der Umstellung auf EDV. DAGWELL und WEBER (1983) führen diese Verhaltensänderungen u. a. darauf zurück, daß die Systemdesigner sich ein falsches Modell vom Benutzer gemacht haben. Es hat den Anschein, als ob Designer die Benutzer von Informationssystemen als Individuen ansehen, die Ordnung und Anleitung in ihrem Leben benötigen und eher an finanziellen Vergütungen als an Zuwachs persönlichen Ansehens interessiert seien. "Thus, the designers may design tightly structured systems that lower the qualitiy of working life and produce, as a consequence, the behavioral problems observed" (a.a.O. S.987). Unter Bezugnahme auf HEDBERG und MUMFORD (1975) sowie LUCAS (1975) unterscheiden DAGWELL und WEBER zwei **Benutzerbilder**:

Theorie X: Individuen, die die Ordnung lieben und keine persönliche Verantwortung über ihre eigenen Handlungsweisen wünschen.

Theorie Y: Individuen, die verantwortungsvolle und abwechslungsreiche Arbeit bevorzugen.

Es kann nun davon ausgegangen werden, daß Designer, die ein Theorie-X-Benutzermodell verfolgen, einen streng strukturierten Systementwurf fertigen. Während auf der anderen Seite Designer mit einem Theorie-Y-Benutzermodell Systeme entwerfen, die die Arbeit bereichern. Geringe Arbeitsqualität läßt sich mit dem ersteren, hohe Arbeitsqualität mit dem letzteren Systemtyp verbinden. Empirische Untersuchungen haben gezeigt, daß diese Unterscheidungen durchaus sinnvoll sein können. So zeigten sich beispielsweise auch transkulturelle Unterschiede, wonach die Systemdesigner in Australien und Schweden eher an der Theorie Y orientiert sind, während die US-Amerikaner und die Engländer eher zur Theorie X neigen. Diese Ergebnisse können jedoch erst als vorläufig erachtet werden, da eine ganze Reihe von Unterfragestellungen noch unbeantwortet sind: Ist beispielsweise ein Benutzermodell eines Designers über die Zeit konstant? Ist die Benutzerschaft hinsichtlich der Theorie X oder Y homogen?

Im Hinblick auf Software-Entwurfsmethoden ergeben sich daraus noch weitere Fragen: Führen etwa Methoden wie HIPO, die lediglich zwischen Funktion und Daten unterscheiden, zu Theorie-X-Entwürfen, während Methoden wie ISAC, die zusätzlich Personen- und Materialflüsse unterscheiden, Theorie-Y-Entwürfe zeitigen? Wird diese Frage unter dem Eindruck der von DAGWELL und WEBER vorgelegten Ergebnisse betrachtet, so mag darin eine Erklärung dafür zu finden sein, daß die personenbezogene Methode ISAC in Schweden und HIPO in den Vereinigten Staaten entwickelt wurde.

4.2.2 Entwurf und Darstellung von Software-Architekturen

In diesem Abschnitt wird die Entwurfsmethode DRS (Design and Representation of Software architecture) dargestellt, wie sie bei der Entwicklung des TBS verwendet wurde. Es ist ein Verfahren, das aus der Praxis heraus entstanden ist und auf ISAC sowie auf Vorarbeiten in der Forschungsgruppe "Computergestützte Informationssysteme" TU Berlin aufbaut. Der Grund für die Ausarbeitung dieses Verfahrens ist weniger im Wunsch des

Autors zu suchen, eine weitere Methode aufzuzeigen, als in der Erkenntnis, daß die im vorausgegangenen Abschnitt erwähnten Methoden (gilt nicht für *ISAC) für kleinere und mittlere Projekte im allgemeinen zu "mächtig" sind und dazu neigen, den Darstellungs- und Entwurfsprozeß bei Systemen von geringer Komplexität mit Ballast zu überladen. Es soll also hier eher ein Minimalgerüst beschrieben werden, das die Lücke bei Software-Werkzeugen zwischen Programmablaufplan und ausgefeilter Entwicklungsmethodik schließt und es damit erlaubt, im Alltag schnell zu operablen Entwürfen zu gelangen. Die Zielsetzung für DRS waren:

- Freiraum für Kreativität beim Entwurf
- Prototyping als Bestandteil des Entwurfsprozesses
- Software-Werkzeuge als Bestandteil des Entwurfs
- Computerunterstützung im Entwurfsprozeß.

Der Entwurf von Systemen stellt in erster Linie einen **kreativen Prozeß** dar. Entwurfsmethoden können diesen Prozeß unterstützen, indem sie Beschreibungsmittel an die Hand geben, die schnell erlernbar und leicht einsetzbar sind, sowie Arbeitstechniken beinhalten, die das Finden von Ideen ermöglichen oder erleichtern (s. KOBERG und BAGNALL 1976). Behindert wird der Entwurfsprozeß, wenn eine Entwicklungsmethodik Beschreibungsmittel vorgibt, die kognitiv schwer erfaßbar und hochgradig spezifisch sind. Genauso sind prozedurale Entwurfsverfahren kreativitätshemmend. DRS sieht daher nur wenige Beschreibungselemente und Regeln vor.

Als Beispiel sei hier die Dichotomie Top-Down vs. Bottom-Up erwähnt, die ja in der Literatur in den vergangenen Jahren zu einigen Kontroversen Anlaß gegeben hat. DRS unterstützt als Ziel einen Entwurf, der dem Top-Down-Prinzip entspricht. Die Entwurfsfindung kann jedoch ein iterativer Prozeß sein zwischen Top-Down und Bottom-Up, also Middle-Out. Ein anderes Beispiel wäre die Modulgröße. Auch hierzu werden keine Angaben gemacht, vielmehr sollte sich der Umfang eines einzelnen Moduls aus seiner Einbettung in das Gesamtkonzept ergeben. Die oft als Begründung für kleine Module angegebene höhere Fehleranfälligkeit großer Module läßt sich, wie BASILI und PERRICONE (1984) gezeigt haben, nicht halten. Im Gegenteil: "The larger the module, the less error prone it was" (a.a.O. S. 49). Aus ihren Untersuchungen geht weiter hervor, daß die Fehlerhäufigkeit mit der Ungenauigkeit einer Schnittstellenbeschreibung oder Parameterdefinition zunimmt. Für einen Systementwurf bedeutet dies aber für Schnittstellen: Je natürlicher sie sich aus dem Gesamtentwurf ergeben, desto genauer können sie auch beschrieben werden. Damit aber können Fehler vermieden werden.

Prototyping als Bestandteil des Entwicklungszyklus kann eine Reihe von Vorteilen mit sich bringen (siehe dazu DEARNLEY und MAYHEW 1983). Fast unumgänglich ist es jedoch dann, wenn die Nutzerschaft des zu entwickelnden Systems schlecht umrissen oder gar erst gefunden bzw. motiviert werden muß. Ebenfalls ein zwingender Grund zum "Rapid" Prototyping können Situationen sein, in denen sich Forschungsprojekte häufig befinden: Produktion und Entwicklung laufen teilweise parallel. Für die Entwicklung des TBS traf beides zu, so daß hier aus der Not die Tugend werden konnte.

Softwaretools als fester Bestandteil des zu fertigenden Entwurfs werden insbesondere dann zur Notwendigkeit, wenn die Anforderungen an das zu entwerfende Produktionssystem nicht in allen Details verfügbar sind. Im Falle des TBS ist dies mehrfach der Fall, etwa an der Schnittstelle zur Texterfassung oder bei den zu integrierenden Methoden zur Textanalyse. Hiervon zu unterscheiden sind jedoch solche Werkzeuge, die nicht Bestandteil des Entwurfes selbst, sondern Hilfsmittel zu dessen Erstellung sind. Als Beispiel hierfür seien interaktive Grafikwerkzeuge oder Programmierhilfsmittel (siehe z. B. INCE 1983) erwähnt.

Beschreibung des Verfahrens

Das Verfahren DRS geht davon aus, daß zuvor eine Systemanalyse stattgefunden hat, die als Ganzes, wie etwa nach WEDEKIND (1973) oder nur als Ergebnisdarstellung am Beispiel eines Pflichtenheftes (DANIELS 1984) vorliegen kann. Der darauf aufgebaute Entwurf setzt sich aus folgenden Teilen zusammen:

1. Darstellungsteil
   a) Grobdarstellung
   b) Feindarstellung

2. Beschreibungsteil
   a) Statik
   b) Dynamik
   c) Präzedenzen

Der Darstellungsteil
Der Darstellungsteil umfaßt grafische Elemente, mit deren Hilfe der Entwurf Schritt für Schritt entwickelt und schließlich dargestellt wird. Die **Grobdarstellung** erfolgt mit Hilfe von Zustands-Funktionsdiagrammen (siehe dazu HAAG 1981 S.124ff.). Das Gesamtsystem kann und soll dabei in mehrere Abstraktionsebenen (zur Verwendung des Begriffes "Abstraktion" siehe INHETVEEN und LUFT 1983 S.544-545) gegliedert werden. Die elementaren Bestandteile der Grobdarstellung sind der Ausgangspunkt für die **Feindarstellung**. Diese erfolgt vorzugsweise mit Hilfe von Struktogrammen nach NASSI und SHNEIDERMAN (1973), wobei die von BÖCKMANN (1983) vorgeschlagenen Ergänzungen mit herangezogen werden können. Eine Feindarstellung ist jedoch nicht zwingend, insbesondere dann, wenn Werkzeuge zur Programmierung zur Verfügung stehen (s. RAMSEY et al. 1983; ROOME 1979).

Tabelle 4.1 gibt einen Überblick zu den fünf verschiedenen Typen von Beschreibungselementen in DRS. Sie enthält für jedes Element eine Lang- und eine Kurzbezeichnung, ein Sinnbild sowie eine Auswahl von Beispielen.

Nr.	Bezeichnung		Sinnbild	Beispiele
1	Statisches Element	SE	⬭	Strichliste Fragebogen Computerdruck Datei Datenbank
1.1	nichtelementar			
1.2	elementar		wie 1.1	
2	Dynamisches Element	DE		Maschine Arbeitsschritt Prozeß Programm System
2.1	nichtelementar		□	
2.2	elementar		■	
3	Personen	P	◇	Sachbearbeiter Arzt Programmierer Benutzer Schreibkraft
4	Beziehung	R		
4.1	lesend/schreibend	RW	────	drucken
4.2	kommunizierend	C	════	Bildschirmdialog
4.3	erzeugend	G	━━━━	Programm erstellen
4.4	steuernd	T	- - - - -	Programm starten
5	Rahmen	F	▭	Gesamtsystem Teilsystem Programm

Tabelle 4.1 Beschreibungsmittel in DRS

Das statische Element. Zustände aller Art wie etwa Gegenstände, Sachverhalte und Informationen, werden durch das statische Element beschrieben, das sowohl Datenquelle als auch Datensenke sein kann. Es wird innerhalb des als Sinnbild verwendeten Ovals schlagwortartig charakterisiert. Darüber hinaus werden elementare und nicht elementare statische Elemente unterschieden. Ein elementares statisches Element kann oder soll innerhalb einer Systemarchitektur nicht weiter untergliedert werden. Stattdessen wird es in den Beschreibungsteil übernommen. Nicht-elementare statische Elemente fassen mehrere statische Elemente zusammen und tragen so zu einer übersichtlicheren Darstellung bei. Da es sich um Abstraktionen handelt, werden sie nicht in den Beschreibungsteil übernommen, sondern innerhalb des Darstellungsteils bis zu ihren elementaren Bestandteilen weiter untergliedert.

Das dynamische Element. Die Beschreibung von Vorgängen erfolgt durch ein dynamisches Element. Seine stichwortartige Charakterisierung wird neben dem zur grafischen Darstellung verwendeten Sinnbild festgehalten. Ein elementares dynamisches Element kann oder soll innerhalb einer Systemarchitektur nicht weiter untergliedert werden. Stattdessen werden im Beschreibungsteil seine Leistung, Eigenschaften und Anforderungen festgehalten. Nicht-elementare dynamische Elemente sind eine Abstraktion mehrerer dynamischer Elemente, wobei hier im Gegensatz zu statischen Elementen alle anderen Beschreibungselemente enthalten sein können. Nicht-elementare dynamische Elemente werden nicht in den Beschreibungsteil aufgenommen.

Personen. Sie sind von ihren Eigenschaften her statische und dynamische Elemente zugleich mir der Einschränkung, daß sie stets elementar sind. Sie werden als homogen bezeichnet, wenn sie für einen Typ stehen und können dann mit ihren Eigenschaften im Beschreibungsteil näher beschrieben werden. Im Überblick werden sie schlagwortartig durch ihre Tätigkeit gekennzeichnet. Verschiedenartige Typen können zu heterogenen Personen zusammengefaßt und im Beschreibungsteil weiter differenziert werden.

Beziehungen. Statische und dynamische Elemente sowie Personen können über Verbindungslinien zueinander in Bezug gesetzt werden. Lesende/schreibende, kommunizierende, generierende und steuernde Beziehungen werden unterschieden. Lesen oder Schreiben können alle dynamischen Elemente und Personen in Verbindung mit statischen Elementen. Kommunizieren können Personen mit dynamischen Elementen, wobei dies das Lesen und Schreiben von Informationen beinhalten kann. Dynamische Elemente können von Personen oder dynamischen Elementen generiert werden. Ebenso können sowohl dynamische Elemente als auch Personen sich gegenseitig steuern.

Der Rahmen. Der Rahmen ist das einzige Strukturierungsmittel in der hier vorgestellten Entwurfs- und Darstellungsmethode. Er faßt das Gesamtsystem oder dessen Teile zusammen und ist somit selbst ein dynamisches Element, dessen innere Struktur jedoch sichtbar ist. Durch Anwenden der "Lupentechnik" kann somit jedes dynamische Element zum Rahmen werden.

Tabelle 4.2 gibt einen Überblick, wie die einzelnen Darstellungselemente zueinander in Beziehung gesetzt werden können. Weitere Verknüpfungen sind in DRS nicht erlaubt, jedoch kann jedes dieser Tupel zur Bildung komplexerer Strukturen herangezogen werden, sofern die Verknüpfung über zwei gleichartige Elemente erfolgt. Darüber hinaus gelten eine Reihe von Regeln, die nachfolgend aufgeführt werden:

R1: Lesende Zugriffe erfolgen stets von oben, schreibende Zugriffe stets nach unten.
Die steuernde Relation ist von oben nach unten gerichtet. Die Kommunikation ist entweder ungerichtet und wird dann waagerecht festgehalten oder gerichtet. Im letzteren Fall beginnt das höher stehende Element die Kommunikation.

R2: Statische Elemente außerhalb des Rahmens sind auf der betrachteten Ebene permanent. Statische Elemente innerhalb des Rahmens sind auf der betrachteten Ebene temporär.

R3: Zeitliche Zusammenhänge werden durch die Lage eines dynamischen Elements innerhalb eines Rahmens festgelegt. Weiter oben stehende Elemente ereignen sich zeitlich eher, weiter unten stehende Elemente zeitlich später.

R4: Jedes dynamische Element darf innerhalb eines Rahmens nur einmal auftreten.

R5: Jedes statische Element darf entweder genau einmal innerhalb eines Rahmens oder genau einmal oberhalb und/oder unterhalb eines Rahmens vorkommen.

R6: Ein statisches Element kann nur dann auf der elementaren Beschreibungsebene auftreten, wenn es auf einer höheren Abstraktionsebene oder zeitlich eher entstanden ist, auf derselben Ebene schreibend und lesend zugegriffen wird oder vom Benutzer erstellt wird.

R7: Die Bezeichnung der Abstraktionsebenen erfolgt in der oberen linken Ecke und beginnt mit dem Buchstaben **A** für den Systemüberblick. Die dynamischen Elemente und Personen innerhalb eines Rahmens werden mit arabischen Ziffern durchnumeriert. Bei der nächst niedereren Abstraktionsebene wird nun der Buchstabe und die Nummer des weiter spezifizierten dynamischen Elements am unteren rechten Rand des Rahmens festgehalten. Dieses Verfahren wiederholt sich bis zur elementaren Beschreibungsebene.

R8: Statische Elemente werden nur dann gekennzeichnet, wenn sie elementar sind. Sie erhalten einen eindeutigen Namen, der im Beschreibungsteil verwaltet wird.

R9: Auf der elementaren Beschreibungsebene wird der Entwurf so strukturiert, daß bei allen Rahmen, in denen Personen vorzusehen sind, dynamische Elemente frühestens nach einer Person auftreten.

Neben diesen Regeln, die unbedingt eingehalten werden müssen, empfiehlt es sich im Sinne der Übersichtlichkeit eines Entwurfes, die Elemente so anzuordnen, daß sich die Verbindungslinien nicht kreuzen und statische Elemente, die sowohl oberhalb als auch unterhalb des Rahmens auftreten, möglichst in dieselbe Spalte zu übernehmen.

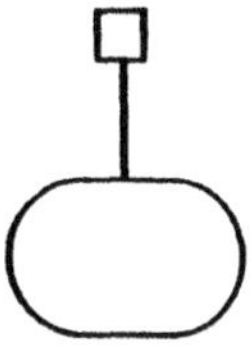	DE schreibt nach SE	Ausdrucken einer Liste
	DE liest aus SE	Datensatz lesen
	DE kommuniziert mit DE	
	P kommuniziert mit DE	Bildschirmdialog
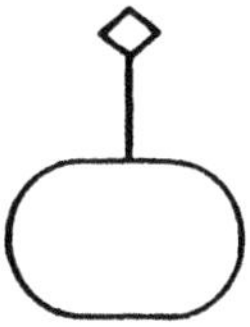	P schreibt nach SE	Fragebogen ausfüllen
	P liest aus SE	Computerdruck lesen

Tabelle 4.2 Zulässige Verknüpfungen von Darstellungsmitteln

	1 2	DE 2 wird automatisch ausgelöst
		DE wird manuell ausgelöst Programm starten
		DE wird manuell erzeugt und ausgelöst
	1 2	DE 2 wird automatisch erzeugt und ausgelöst
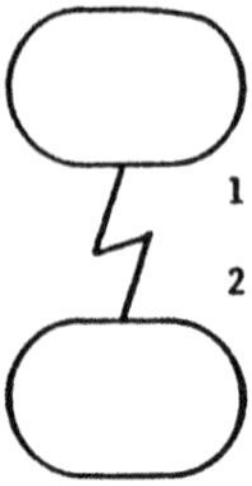	1 2	Datenfernübertragung von SE1 nach SE2

<u>Tabelle 4.2</u> (fortgesetzt)

Beschreibungsteil
Der Beschreibungsteil ist die verbale Komponente von DRS. Soweit möglich, werden hierzu Formulare verwendet. Für die Statik des Entwurfs sind dies die Datenblätter, für die Dynamik die Algorithmenblätter und die Tätigkeitsbeschreibungen. Die Beschreibung der Benutzerschnittstelle erfolgt soweit als möglich durch Zustands-Übergangs-Diagramme (s. d. JACOB 1983). Sofern außer den in der grafischen Darstellung erkennbaren maximalen Präzedenzstrukturen Teilstrukturen durchlaufen werden können, werden diese auf einer Präzedenztabelle zusätzlich eingetragen. In Tabelle 4.3 werden die Komponenten von DRS nocheinmal zusammengestellt.

DARSTELLUNGSTEIL graphisch	grob	Zustands/Funktionen-Diagramm
	fein	Struktogramm
BESCHREIBUNGSTEIL verbal	Statik	Datenblätter
	Dynamik	Algorithmenblätter Tätigkeitsbeschreibung
	Präzedenz	Präzedenzgraph

Tabelle 4.3 Übersicht zu DRS

Über den so mit DRS gewonnenen Systementwurf wird nun als oberste und für alle Entwürfe gleiche Abstraktionsstufe, die DRS-Systemumgebung aufgesetzt. Sie besteht stets aus drei dynamischen Elementen: dem **Monitor**, den **Systemaktivitäten** und den **Softwarewerkzeugen**. Dem Monitor fällt die Aufgabe zu, die in dem Entwurf enthaltenen Präzedenzstrukturen der einzelnen Systemaktivitäten abzuwickeln und zu überwachen. Die Softwarewerkzeuge sollten die Möglichkeit offen halten, das System flexibel zu halten und späteren Änderungen und Erweiterungen anzupassen. Als einziges statisches Element ist auf dieser Stufe der Kommunikationsbereich zu nennen, der die Datenschnittstelle zwischen Monitor- und Systemaktivitäten darstellt.

Rechnerunterstützung für DRS

DRS ist so konzipiert, daß der gesamte Entwurf an einem grafischem Datensichtgerät in Verbindung mit einem Plotter interaktiv erstellt werden kann (in Vorbereitung; der Entwurf des TBS wurde von Hand simuliert, da die dem Autor bislang zur Verfügung stehenden technischen Möglichkeiten in Ulm die Entwicklung eines derartigen Werkzeuges nicht erlaubten). Die Einhaltung der Entwurfsregeln wird überwacht, Planungshilfen werden angeboten. DRS leitet außerdem aus der grafischen Darstellung den zugehörigen Präzedenzgraphen ab, der dann unmittelbar in die Generierung des Monitors eingehen kann. Weiterhin können die statischen Elemente einer Plausibilitäts- und Konsistenzprüfung unterzogen werden. Aufgrund ihrer Anordnung im Gesamtentwurf unterscheidet DRS drei Typen:

- Datenquellen: Statische Elemente die nur gelesen werden.
- Datenspeicher: Statische Elemente, die sowohl gelesen als auch beschrieben werden. Sofern sie unter Beachtung der Präzedenzen zuerst gelesen werden, sind sie bei der Systemimplementierung zu initialisieren.
- Datensenken: Statische Einheiten die nur beschrieben werden.

Der Systemdesigner kann diese Unterscheidung zur Überprüfung der Konsistenz seines Entwurfes heranziehen.

Theoretische Fundierung

Die Beschreibungselemente von DRS lassen sich auf Instanzen und Kanäle (s. DIN66200) zurückführen. Damit wird DRS durch Petrinetze beschreibbar.

Allgemeine Entwurfsregeln

Die folgenden Hinweise sollen dem Systemdesigner helfen, einen Entwurf zu erstellen, der auch dem Benutzer gerecht wird:

- Feed-Back: Der Zustand, in dem sich das System befindet, sollte jederzeit für den Benutzer klar zu erkennen sein. Die einzelnen Systemzustände sollten sich außerdem eindeutig voneinander unterscheiden.

- Ähnlichkeit von Kommandofolgen und Systemantworten: Verschiedene Klassen von Systemleistungen sollen auch ein deutlich verschiedenes Erscheinungsbild haben.

- Systemaktivitäten sollten soweit als möglich reversibel sein: Wo dies nicht möglich ist und außerdem weitreichende Folgen damit verbunden sein können, sollte der Zugang zu solchen Aktivitäten erschwert werden.

- Konsistenz: Das System sollte hinsichtlich Struktur und Gestaltung der Kommandos konsistent sein.

- Fehlermeldungen: Benutzerfehler sollten im Eingabetext genau lokalisiert werden. Der Kontext, Fehlererläuterungen und Korrekturhilfen sollten verfügbar sein. Fehlermeldungen und ihre Behandlung sollten von einem gesonderten Modul ausgeführt werden.

- Hilfefunktionen: Es sollten nur einfache Hilfefunktionen zur Verfügung gestellt werden. Für weitergehende Benutzerunterstützung ist eine schriftliche Dokumentation anzubieten.

4.2.3 Anmerkungen zur Software-Ergonomie

Ergonomie als Wissenschaft "von den Leistungsmöglichkeiten und Grenzen des arbeitenden Menschen sowie der besten wechselseitigen Anpassung zwischen dem Menschen und seinen Arbeitsbedingungen" (Duden, Fremdwörterbuch) ist über das Industriedesign von Bildschirmarbeitsplätzen mit der Informatik in Verbindung gekommen. Von den DV-Herstellern reichlich vermarktet ist die Hardware-Ergonomie mittlerweile ein alltäglicher Begriff.

Software-Ergonomie dagegen ist neu. So sucht man beispielsweise noch vergeblich nach diesem Begriff in dem 'Lexikon der Informatik und Datenverarbeitung' (SCHNEIDER 1983). GRIESE (1982) definiert Software-Ergonomie als "Anpassung der Software an den Menschen", wobei er zwischen der Erstellung und der Nutzung von Software unterscheidet. In einem größeren Rahmen kam die Software-Ergonomie erstmals im vergangenen Jahr in Nürnberg auf einer Tagung des German Chapter of the ACM zu Ehren, wo neben fundiertem Wissen, z. B. zur Wahrnehmungspsychologie (MORITZ 1983) oder zu arbeitswissenschaftlichen und psychologischen Kriterien für die Softwaregestaltung (RÖDIGER und NULLMEIER 1983), eher die Kinderschuhe sichtbar wurden, in denen diese Disziplin noch steckt. Zwar können Beschwörungsformeln, wie "Nicht der computerorientierte Mensch, sondern der menschenorientierte Computer ist das Ziel!" (BALZERT 1983 S.15) zunächst den Eindruck wecken, "Die Macht der Computer und die Ohnmacht der Vernunft" (WEIZENBAUM 1977) sei die nunmehr endgültig überholte Sicht eines Außenseiters. Eine These wie "Die Benutzerschnittstelle in einem Computersystem ist mehr als eine hinzugefügte Komponente; sie muß eng mit allen Komponenten eines Systems verbunden sein und sie sollte im Design-Prozeß an erster Stelle stehen" (FISCHER 1983) mag diesen Eindruck noch aufrecht erhalten, wenngleich sie unter dem Aspekt der Software-Entwicklungsmethodik (siehe Abschnitt 4.2.2) kaum mehr als einen Allgemeinplatz darstellt. Spätestens beim weiteren Durchblättern des Tagungsbandes findet sich jedoch reichlich Gelegenheit, ihn zu revidieren. Der "zwanghafte Programmierer" (WEIZENBAUM 1976) hat nicht nur einmal zugeschlagen. Da finden sich Bildschirmmasken, die - offenbar für deutschsprachige Datenerfasser intendiert - durchsetzt sind von englischen Kommentaren und Kommandowörtern (HERCZEG 1983, S. 138) oder andere, bei denen übereinandergelagerte Bildschirmfenster (PILLER 1983, S. 224) fröhliche Urständ feiern. Es ist gar zu deutlich: der Computer hat seine magische Kraft noch nicht verloren. Wie gebannt "starren" die Software-Ergonomen auf das "Guckloch" Bildschirm als Passepartout zur Ergonomie und merken nicht, daß sie durch immer ausgeklügeltere visuelle Reize nach wie vor die Menschen an die Maschine zu locken versuchen und damit genau das erreichen, was sie eigentlich vermeiden wollten: Der Mensch orientiert sich abermals am Computer. In der Praxis genügt dazu, das Management von den neuen Künsten des Computers zu überzeugen. Der eigentliche Benutzer wird in der Regel nicht gefragt, allenfalls getestet (z. B. BENDA 1983; LÜKE 1983). Besonders skurrile Züge nimmt die Entwicklung aber mit dem neuesten Ergonomie-Hit an, dem Touch-on-Screen, der den Benutzer endgültig zum Kleinkind stempelt und ihn mit dem Finger auf dem Bildschirm herum"tatzen" läßt. Es bedarf wohl nicht viel Phantasie, um sich an die Versuche der Verhaltensforscher zu erinnern, bei denen Affen auf ähnliche Art und Weise beschäftigt wurden um zu ergründen, ob und wieviel Intelligenz sie besitzen. Es hat den Anschein, als ob es höchste Zeit wäre, sich, statt mit Fragen der Ergonomie, zuvor mit Fragen der Ethik zu befassen. Wie dem auch sei, der Weg zu einem "Cognitive Engineering" wie es NORMAN (1983, S. 257) vorschlägt, ist noch weit. Um damit überhaupt einmal anzufangen, schlägt er drei methodische Orientierungen vor:

1. Psychologische Mechanismen
2. Benutzermodelle
3. Analyse von Benutzerverhalten.

Die Entwicklung des TBS wurde an diesen drei Punkten orientiert. Daneben wurde das Prinzip verfolgt, Anzahl und Umfang der Mensch-Maschine-Schnittstellen (eine kritische Bewertung dieses Begriffes sowie zum Begriff der Mensch-Maschine-Kommunikation gibt NAKE 1984) so gering wie möglich zu halten. Der Nutzen des Computers liegt in den neuen Möglichkeiten, die er erschließt, und nicht in der Beschäftigung mit ihm selbst.

Von den praktischen Konsequenzen seien hier zwei Beispiele aus dem TBS-Systementwurf erwähnt, dessen Nutzen auch durch einschlägige Literatur belegt werden kann. Zunächst zu den Hilfefunktionen: Im TBS wird nur eine Ebene angeboten, sich über den Zustand des Systems zu informieren, indem der Benutzer ggf. Auskunft darüber erhält, wie er den Dialog fortsetzen kann. Von den in anderen Systemen sich zusehends durchsetzenden Hilfesystemen, die über mehrere geschachtelte Ebenen Informationen anbieten, ja die gesamte Dokumentation on-line verfügbar halten, wird kein Gebrauch gemacht. Dies, weil es zum einen für psychologisch besser gehalten wird, wenn dem Benutzer im Umgang mit dem Computer nicht alle haptischen Qualitäten, wie das Anfassen und Blättern in einer Dokumentation genommen werden und das System dadurch "griffig" bleibt und auch seine topologischen Qualitäten behält, und weil es zum anderen durch eine Untersuchung von DUNSMORE (1984) bestätigt wird, daß Versuchspersonen, die eine schriftliche Dokumentation benutzen können, bessere Leistungen zeitigen, als diejenigen, die ausschließlich eine On-line-Dokumentation zur Verfügung haben.

Das andere Beispiel bezieht sich auf das Korrigieren fehlerhafter oder unbekannter Wortformen. Hier wird im TBS bewußt ein manuell/intellektueller Arbeitsgang eingesetzt, der allerdings soweit unterstützt wird, daß vom Computer ein sog. "Rotdruck" ausgegeben wird, der die fehlerhaften und unbekannten Wortformen rot gegenüber dem übrigen schwarzgedruckten Text aufzeigt. Im Dialog mit dem TBS werden dann lediglich die roten Wortformen eingespielt, die Korrekturentscheidung fällt der Benutzer aufgrund seiner gedruckten Vorlage. Diese Konzeption wird bekräftigt durch eine Untersuchung von WRIGHT und LICKORISH (1983) die in einem Experiment gezeigt haben, daß fehlerhafte Wortformen nicht nur schneller in einem gedruckten Text gefunden werden können, sondern dort auch nahezu alle Fehler erkannt werden, während von den Testpersonen auf dem Bildschirm deutlich weniger Fehler entdeckt wurden und sie dazu deutlich mehr Zeit benötigen. Zur allgemeinen Gestaltung des Mensch-Maschine-Dialogs im TBS wurde das Buch von GILB und WEINBERG (1977) als Leitfaden herangezogen. Obwohl nun bald sieben Jahre alt, ist es von seinen darin enthaltenen Ideen her immer noch jung und auch für moderne Aufgabenstellungen geeignet. Nicht zuletzt zeigt sich die Qualität dieses Buches in seiner typografischen Gestaltung und didaktischen Aufmachung selbst.

4.3 Realisierung des TBS

Auf den nachfolgenden Seiten ist die Architektur des TBS dargestellt, wie sie mit DRS als Entwurfsmethodik entwickelt und auf dem TR440, soweit technisch möglich, auch realisiert wurde. Um den Umfang der Darstellung in Grenzen zu halten, sind einige nicht-elementare dynamische Elemente nicht bis auf ihre elementare Ebene verfeinert. Sie sind in den Grafiken mit einem x innerhalb des Sinnbilds gekennzeichnet (z. B. bei A1B1 "Umkodieren"). Eine eingehendere verbale Beschreibung wurde bereits in Abschnitt 2.4 dieser Arbeit gegeben.

Dem Darstellungsteil schließen sich noch zwei Tabellen an. Die erstere gibt eine Übersicht zu den im Entwurf enthaltenen statischen Elementen in Beziehung zu den mit ihnen arbeitenden dynamischen Elementen. Wegen der in DRS enthaltenen Zeitbezüge (daraus folgt z. B., daß dynamische Elemente mit kleineren Nummern zeitlich eher stattfinden) lassen sich damit die Datenbestände klassifizieren. Die Erhebungsbögen sind beispielsweise reine Eingabedaten, da sie nur gelesen werden; sie werden dem System also stets von außen zugeführt. Dagegen wird der Pseudonymspeicher zuerst gelesen und später auch beschrieben. Diese Datei muß also bei der Systemimplementierung initialisiert werden. Ein Beispiel für eine temporäre Datei ist die Konkordanz mit Pseudonymen, die nur für die manuelle Vergabe der Pseudonyme benötigt wird.

Die letzte Tabelle schließlich gibt die aus der grafischen Darstellung ableitbaren Präzedenzen wieder, indem sequentiell ablaufende Prozesse (dynamische Elemente) untereinander, parallel ablaufende Prozesse nebeneinander aufgeführt sind. Die fett wiedergegebenen Zahlen stehen für dynamische Elemente in denen Personen als erstes aktiv sind. Für den Monitor bedeutet dies eine Cäsur im automatisch gesteuerten Ablauf, so daß die Regie an den jeweiligen Benutzer oder Sachbearbeiter abgegeben werden kann. In der augenblicklichen Realisierung des TBS sind diese aus der Tabelle ersichtlichen Blöcke als Prozeduren realisiert, die zu jedem Element einen Auftrag kreieren und ihn in eine Warteschlange einreihen. Mit diesem Kaskadenprinzip war die gleichzeitige Nutzung der Textbank durch mehrere Nutzer (an jeweils einer virtuellen Textbank) trotz der durch den TR440 bedingten Einschränkungen möglich.

Mit der in diesen Tagen begonnenen Ablösung des TR440 durch zwei Systeme der nächsten Generation sind auch für die weiteren im TBS-Entwurf steckenden Realisierungsmöglichkeiten die technischen Voraussetzungen geschaffen. Anläßlich der Migration auf die SIEMENS 7550 D unter BS2000 kann der o. e. Kaskadenbetrieb teilweise durch einen Teilhaberbetrieb abgelöst werden. Die Benutzerführung wird dann wie in Kapitel 2 beschrieben, über Masken und Menüs erfolgen können.

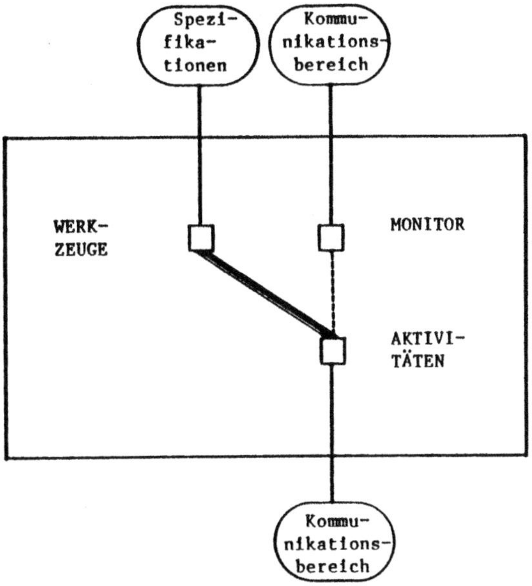
Spezi-
fika-
tionen
Kommu-
nikations-
bereich
WERK-
ZEUGE
MONITOR
AKTIVI-
TÄTEN
Kommu-
nikations-
bereich

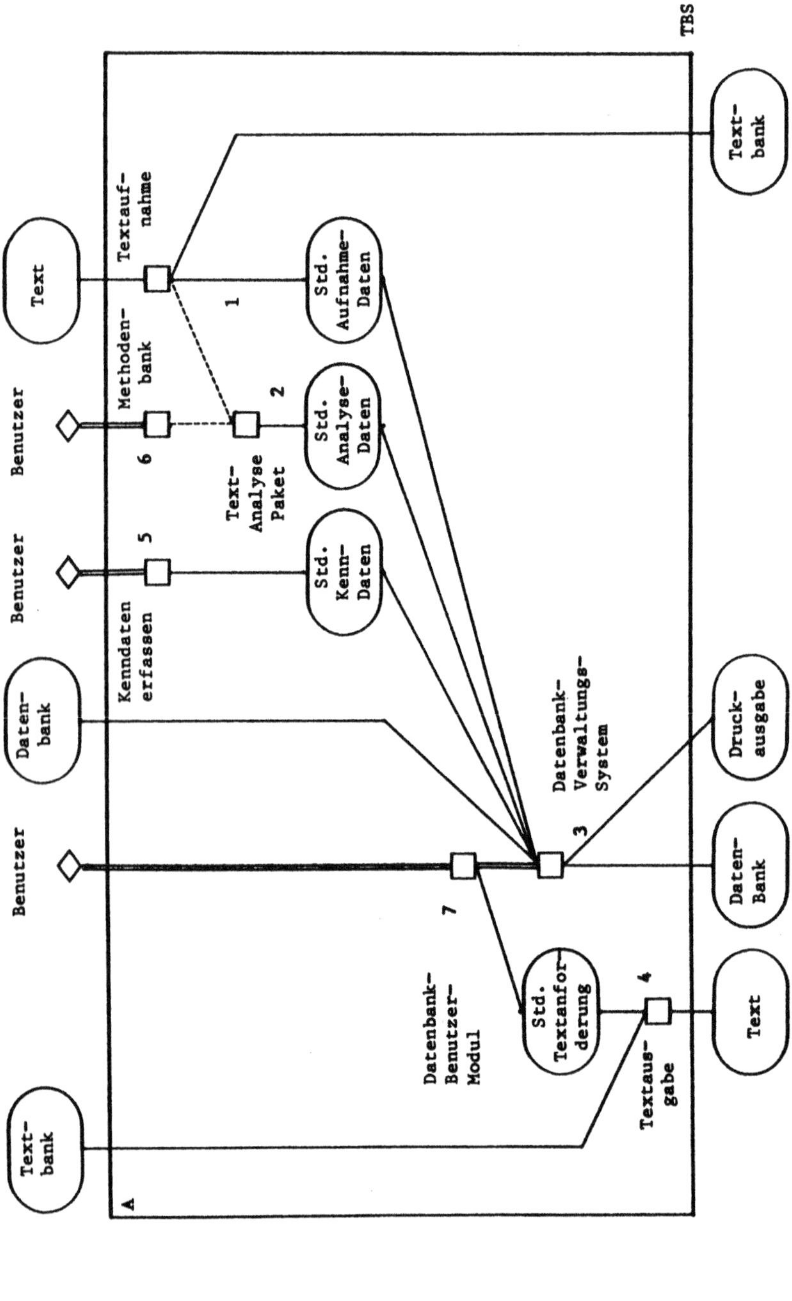

TBS
A
Text
Textaufnahme
1
Std. Aufnahme-Daten
Text-bank
Benutzer
Methoden-bank
6
Text-Analyse Paket
2
Std. Analyse-Daten
Benutzer
5
Kenndaten erfassen
Std. Kenn-Daten
Daten-bank
Datenbank-Verwaltungs-System
3
Druck-ausgabe
Daten-Bank
Benutzer
7
Datenbank-Benutzer-Modul
Std. Textanforderung
4
Textausgabe
Text
Text-bank

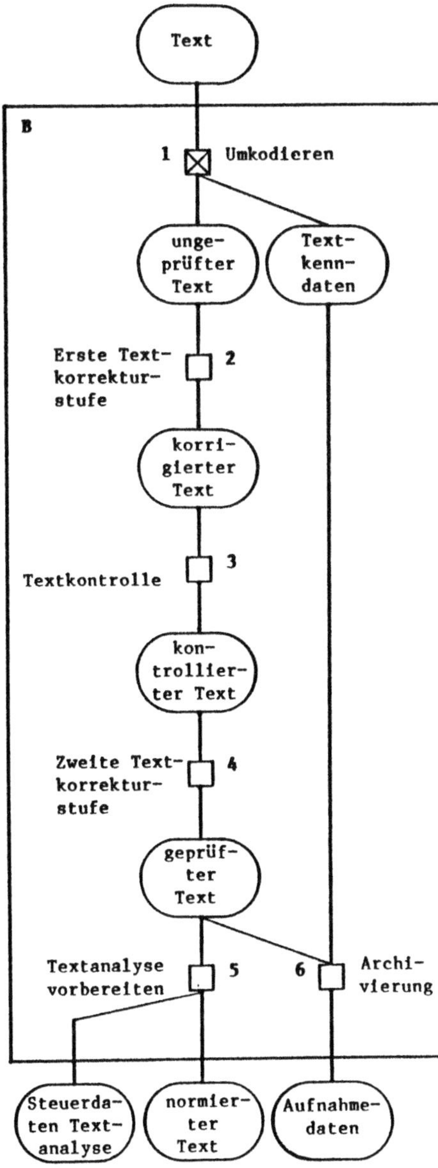
Text
B
1
Umkodieren
unge-
prüfter
Text
Text-
kenn-
daten
Erste Text-
korrektur-
stufe
2
korri-
gierter
Text
3
Textkontrolle
kon-
trollier-
ter Text
Zweite Text-
korrektur-
stufe
4
geprüf-
ter
Text
Textanalyse
vorbereiten
5
6
Archi-
vierung
A1
Steuerda-
ten Text-
analyse
normier-
ter
Text
Aufnahme-
daten

ERSTE TEXTKORREKTURSTUFE

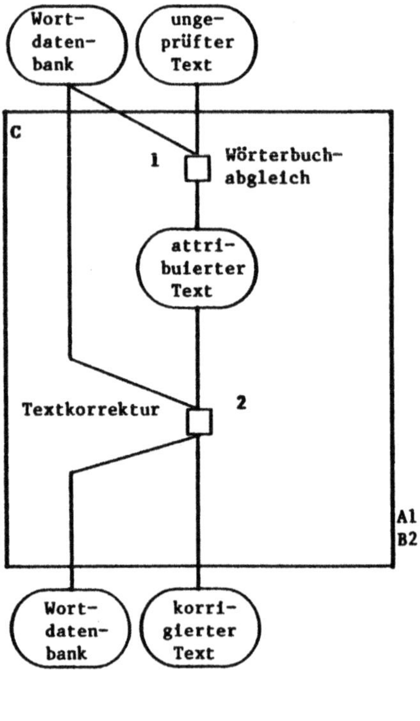

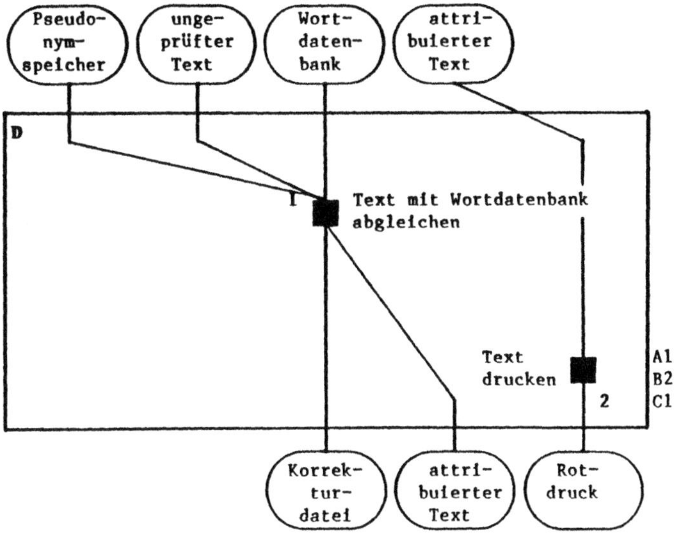
Pseudo-
nym-
speicher
unge-
prüfter
Text
Wort-
daten-
bank
attri-
buierter
Text
D
1
Text mit Wortdatenbank
abgleichen
Text
drucken
2
A1
B2
C1
Korrek-
tur-
datei
attri-
buierter
Text
Rot-
druck

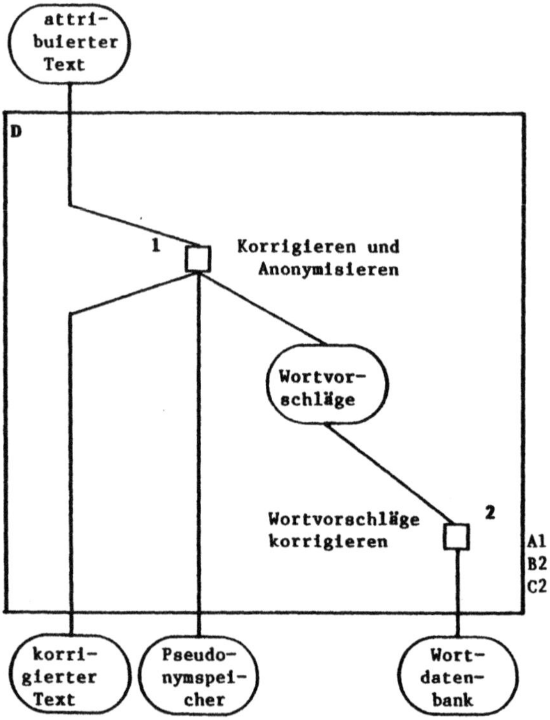
attri-
buierter
Text
D
1
Korrigieren und
Anonymisieren
Wortvor-
schläge
Wortvorschläge
korrigieren
2
A1
B2
C2
korri-
gierter
Text
Pseudo-
nymspei-
cher
Wort-
daten-
bank

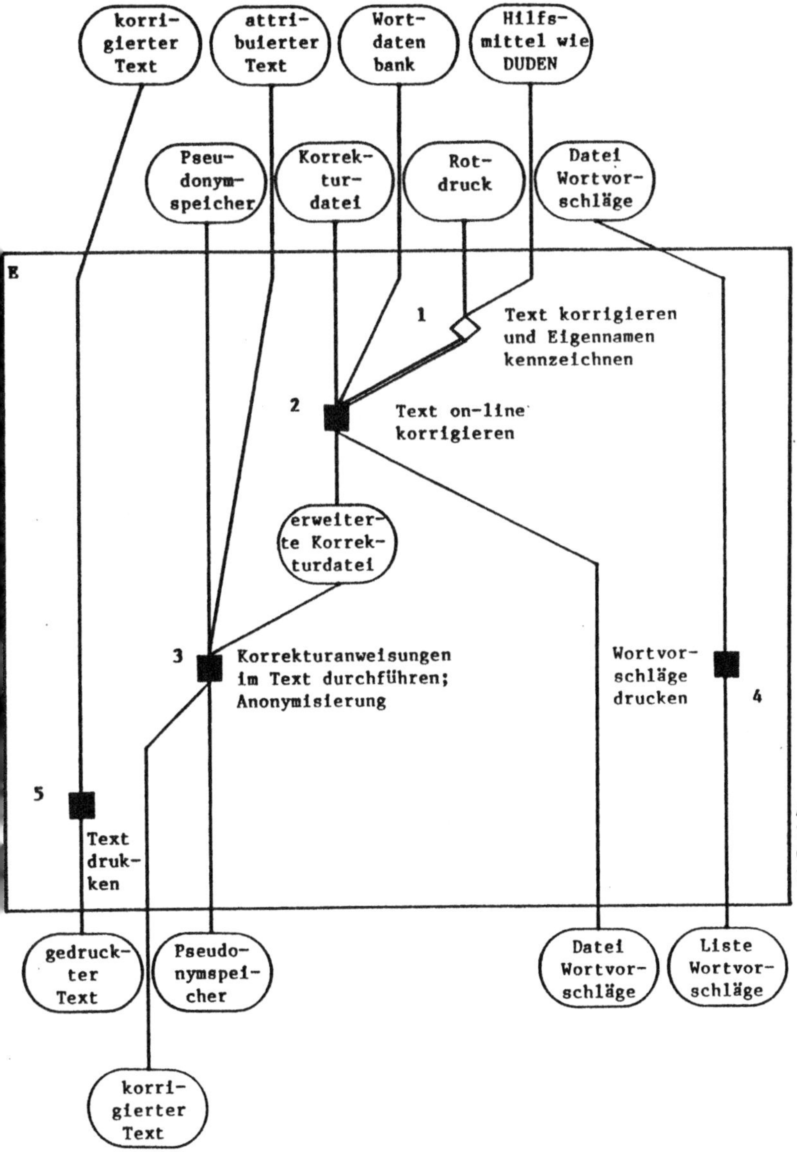
korri-
gierter
Text
attri-
buierter
Text
Wort-
daten
bank
Hilfs-
mittel wie
DUDEN
Pseu-
donym-
speicher
Korrek-
tur-
datei
Rot-
druck
Datei
Wortvor-
schläge
E
1
Text korrigieren
und Eigennamen
kennzeichnen
2
Text on-line
korrigieren
erweiter-
te Korrek-
turdatei
3
Korrekturanweisungen
im Text durchführen;
Anonymisierung
Wortvor-
schläge
drucken
4
5
Text
druk-
ken
A1
B2
C2
D1
gedruck-
ter
Text
Pseudo-
nymspei-
cher
Datei
Wortvor-
schläge
Liste
Wortvor-
schläge
korri-
gierter
Text

WORTVORSCHLÄGE KORRIGIEREN

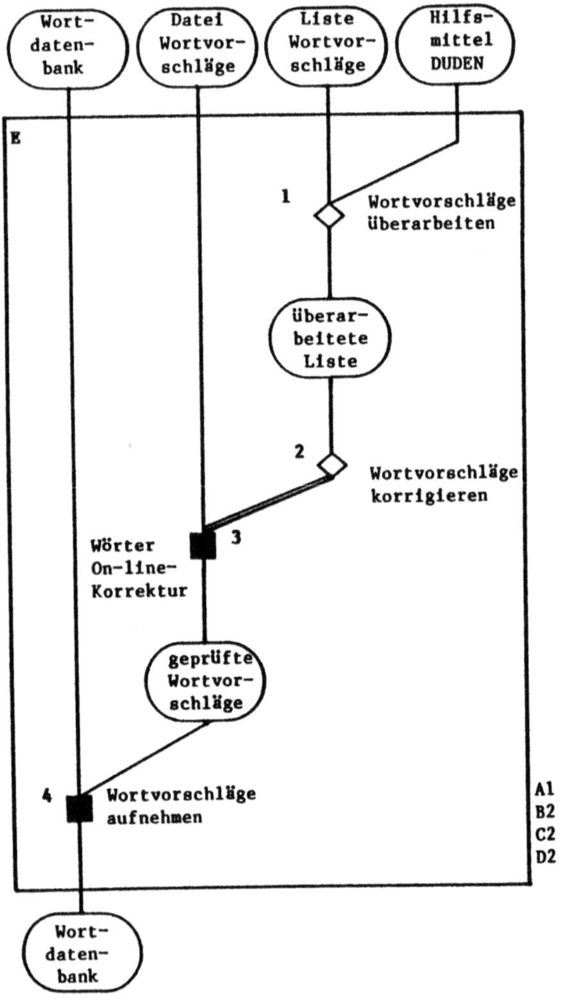

TEXTKONTROLLE

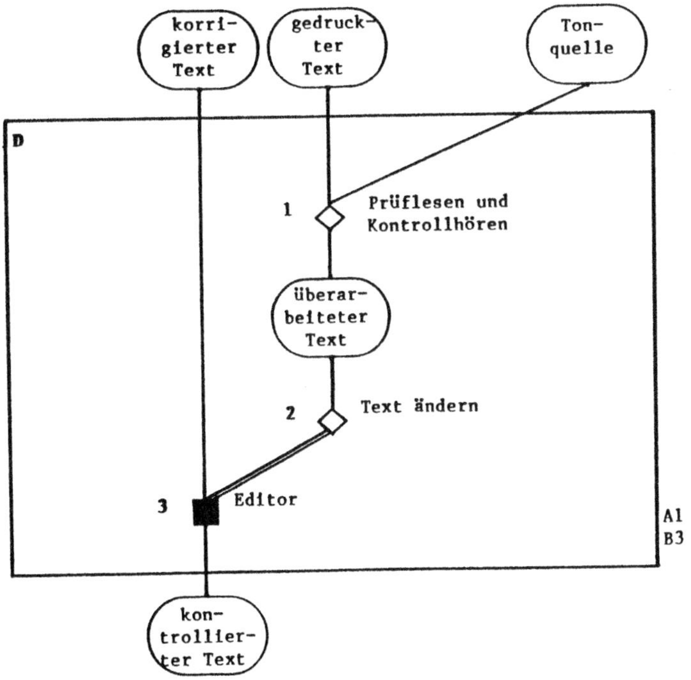

ZWEITE TEXTKORREKTURSTUFE

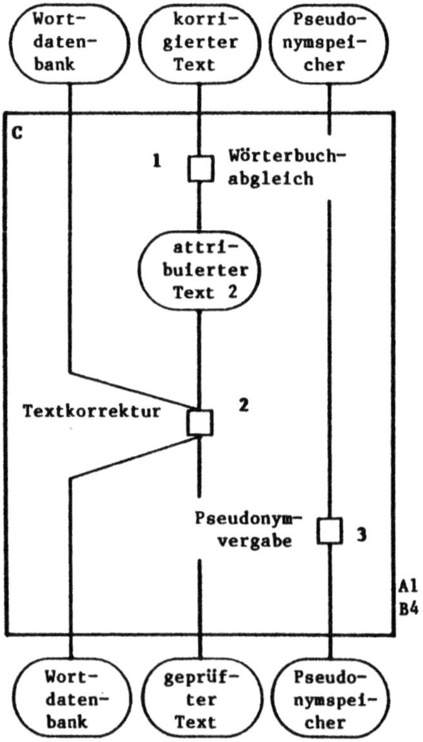

ZWEITER WÖRTERBUCHABGLEICH

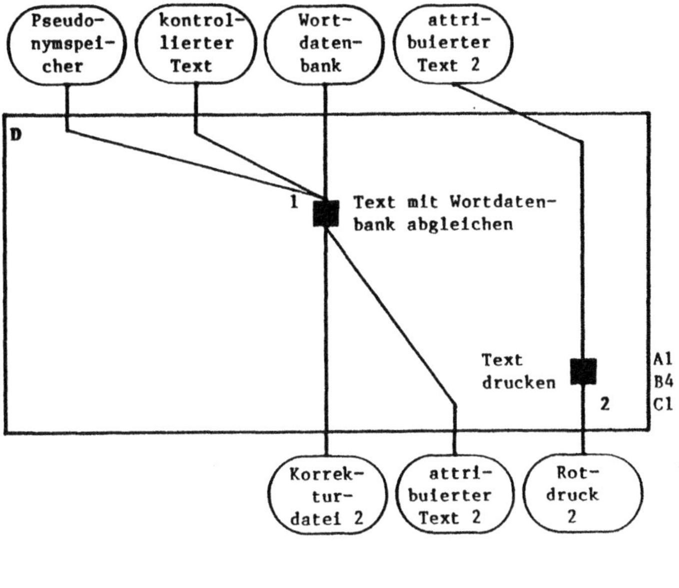

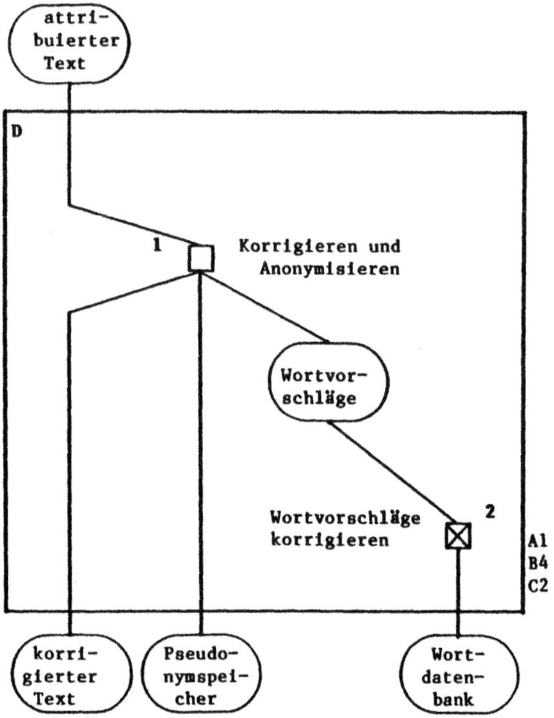
attri-
buierter
Text
D
1
Korrigieren und
Anonymisieren
Wortvor-
schläge
Wortvorschläge
korrigieren
2
A1
B4
C2
korri-
gierter
Text
Pseudo-
nymspei-
cher
Wort-
daten-
bank

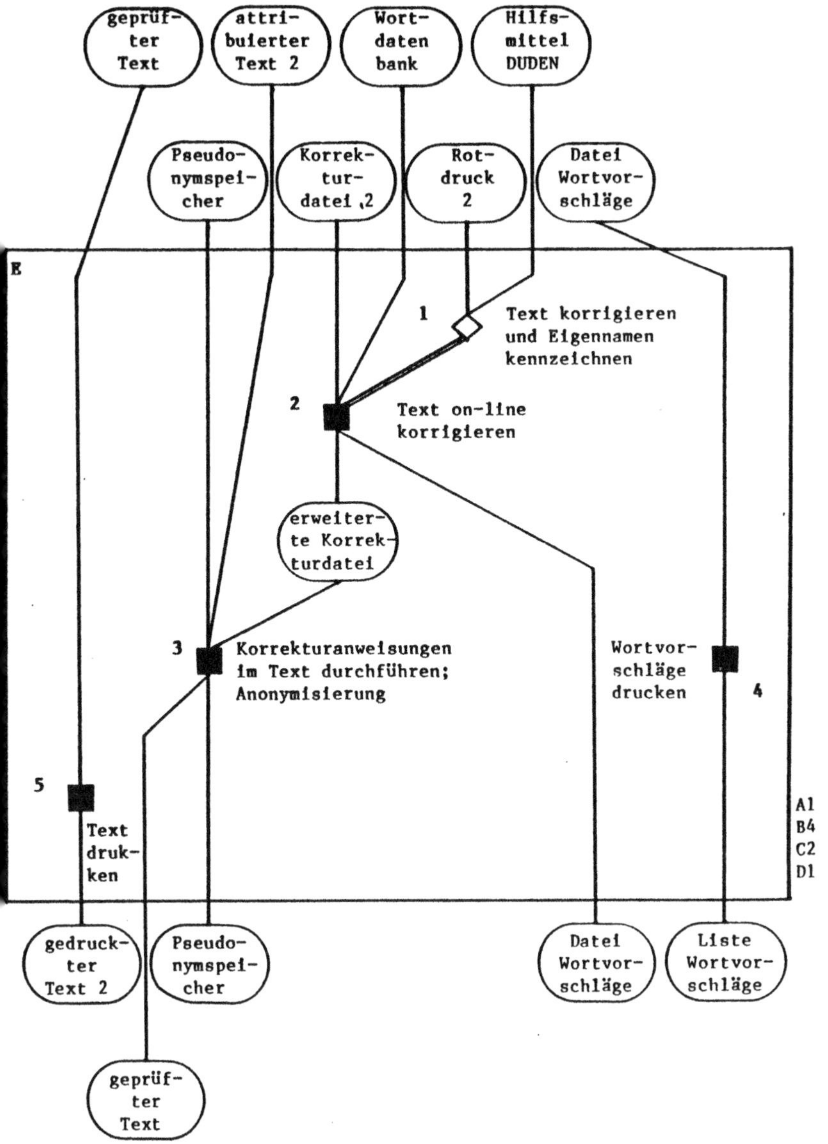
geprüfter Text
attribuierter Text 2
Wortdatenbank
Hilfsmittel DUDEN
Pseudonymspeicher
Korrekturdatei 2
Rotdruck 2
Datei Wortvorschläge
E
1
Text korrigieren und Eigennamen kennzeichnen
2
Text on-line korrigieren
erweiterte Korrekturdatei
3
Korrekturanweisungen im Text durchführen; Anonymisierung
Wortvorschläge drucken
4
5
Text drukken
A1
B4
C2
D1
gedruckter Text 2
Pseudonymspeicher
Datei Wortvorschläge
Liste Wortvorschläge
geprüfter Text

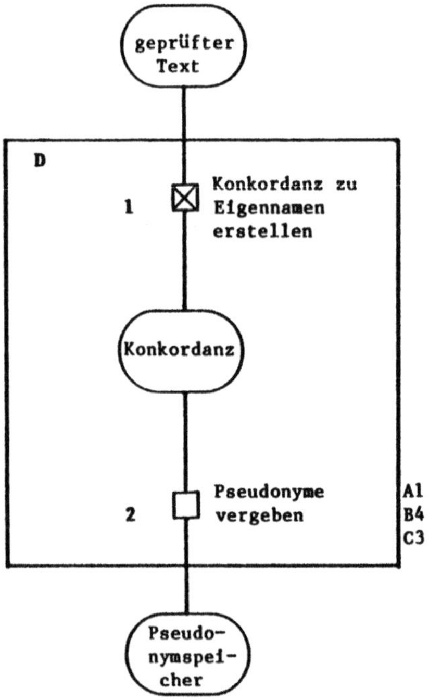
geprüfter Text
D
1
Konkordanz zu Eigennamen erstellen
Konkordanz
2
Pseudonyme vergeben
A1
B4
C3
Pseudo-nymspei-cher

PSEUDONYME VERGEBEN

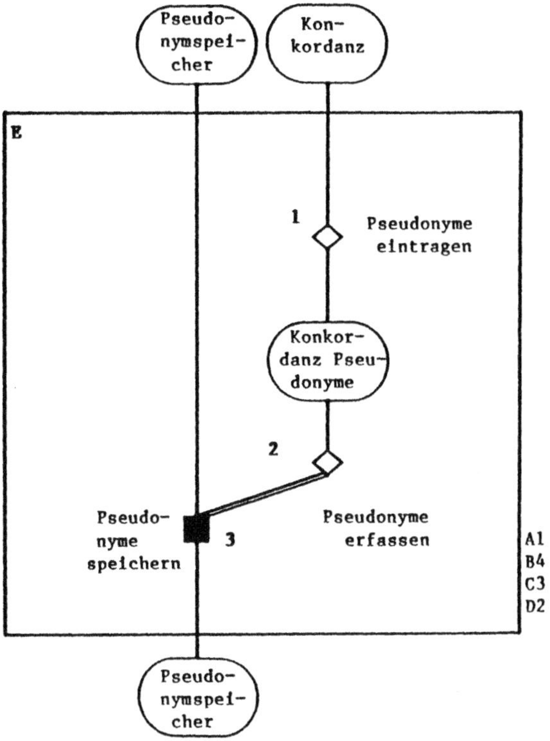

TEXTANALYSE VORBEREITEN

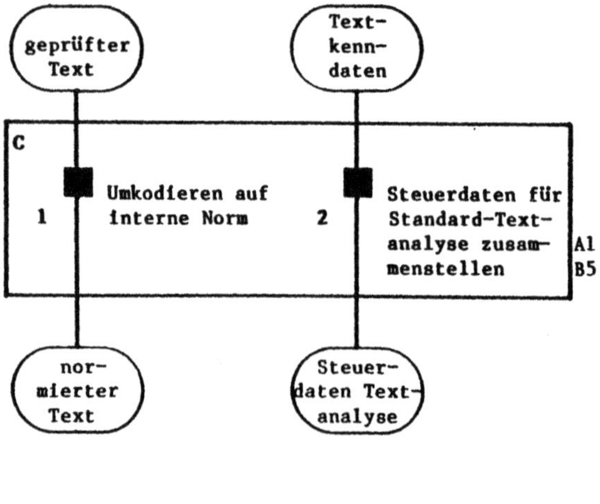

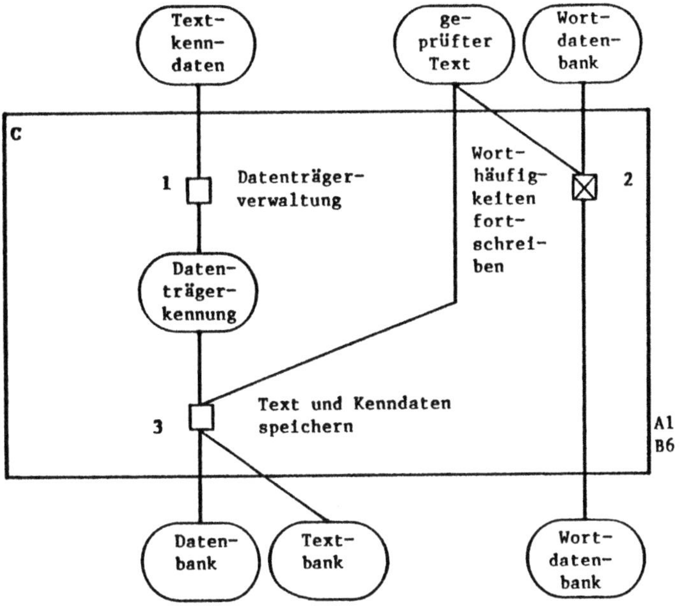
Text-
kenn-
daten
ge-
prüfter
Text
Wort-
daten-
bank
C
1
Datenträger-
verwaltung
Wort-
häufig-
keiten
fort-
schrei-
ben
2
Daten-
träger-
kennung
3
Text und Kenndaten
speichern
A1
B6
Daten-
bank
Text-
bank
Wort-
daten-
bank

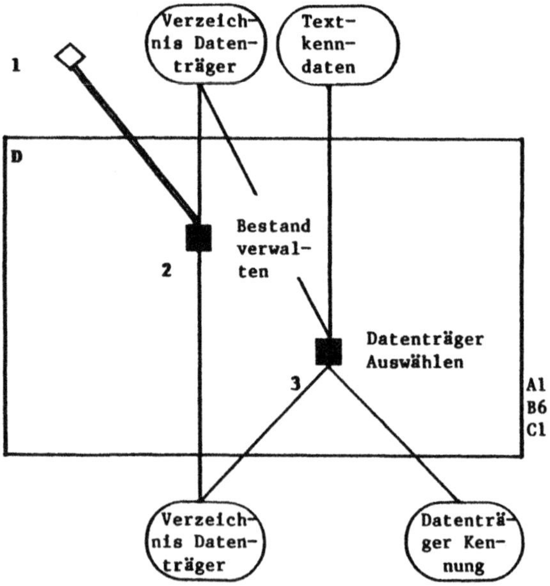
Verzeich-
nis Daten-
träger
Text-
kenn-
daten
1
D
Bestand
verwal-
ten
2
Datenträger
Auswählen
3
A1
B6
C1
Verzeich-
nis Daten-
träger
Datenträ-
ger Ken-
nung

TEXT UND KENNDATEN SPEICHERN

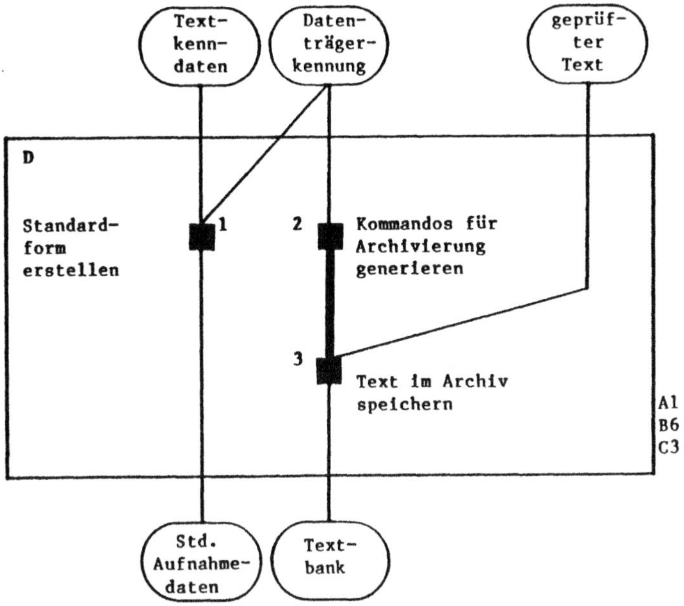

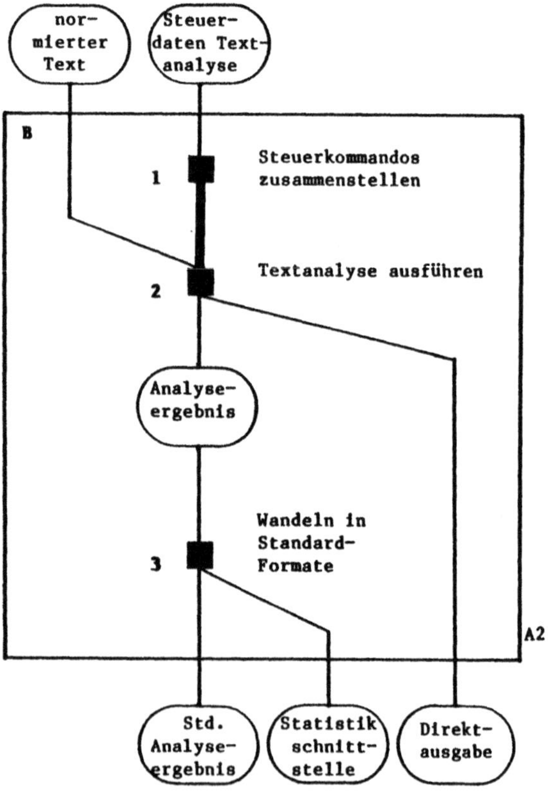
nor-
mierter
Text
Steuer-
daten Text-
analyse
B
1
Steuerkommandos
zusammenstellen
Textanalyse ausführen
2
Analyse-
ergebnis
Wandeln in
Standard-
Formate
3
A2
Std.
Analyse-
ergebnis
Statistik
schnitt-
stelle
Direkt-
ausgabe

DATENBANKVERWALTUNGSSYSTEM

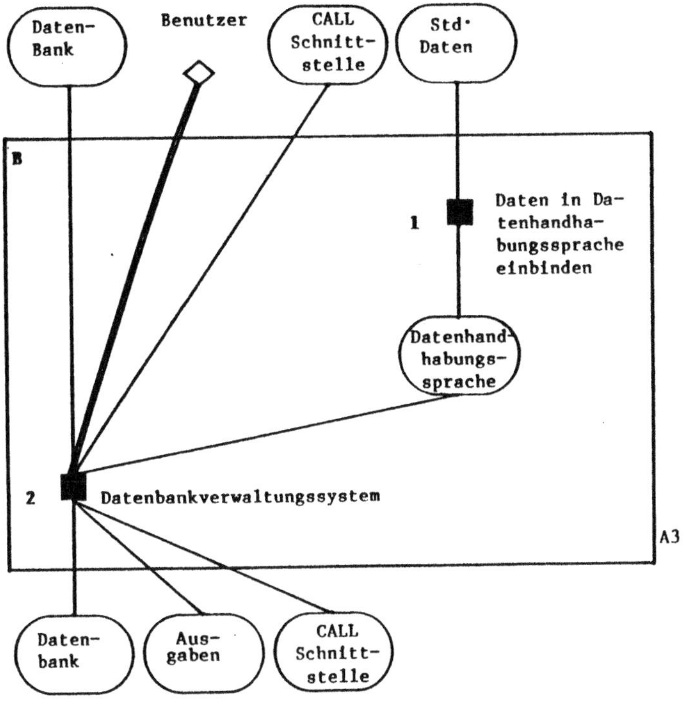

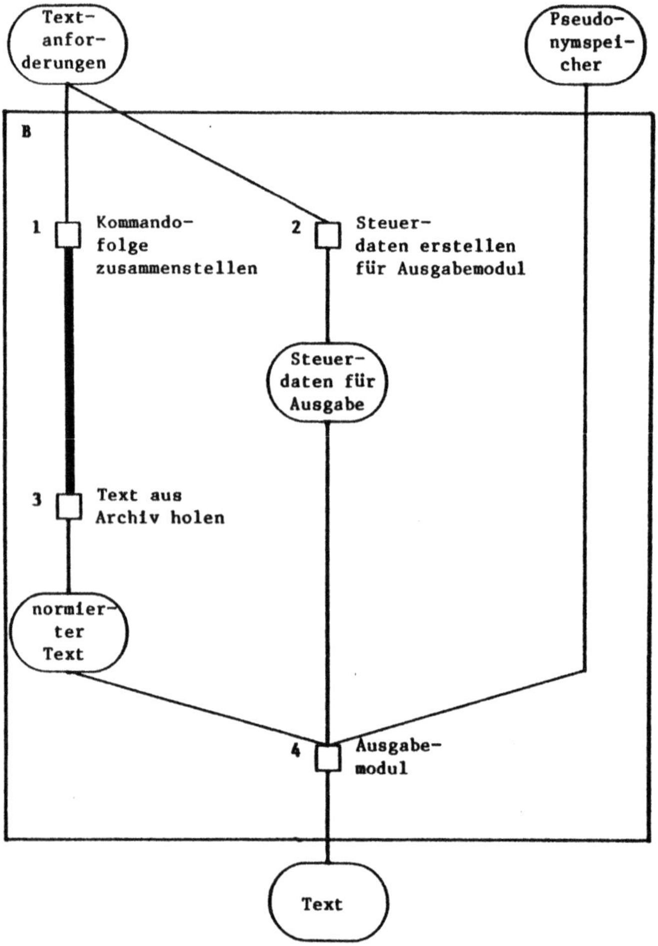
Text-
anfor-
derungen
Pseudo-
nymspei-
cher
B
1
Kommando-
folge
zusammenstellen
2
Steuer-
daten erstellen
für Ausgabemodul
Steuer-
daten für
Ausgabe
3
Text aus
Archiv holen
normier-
ter
Text
4
Ausgabe-
modul
A4
Text

TEXT AUS ARCHIV HOLEN

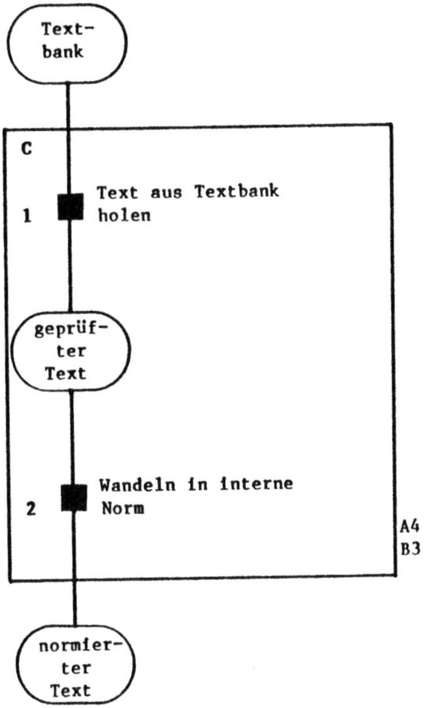

KENNDATEN ERFASSEN

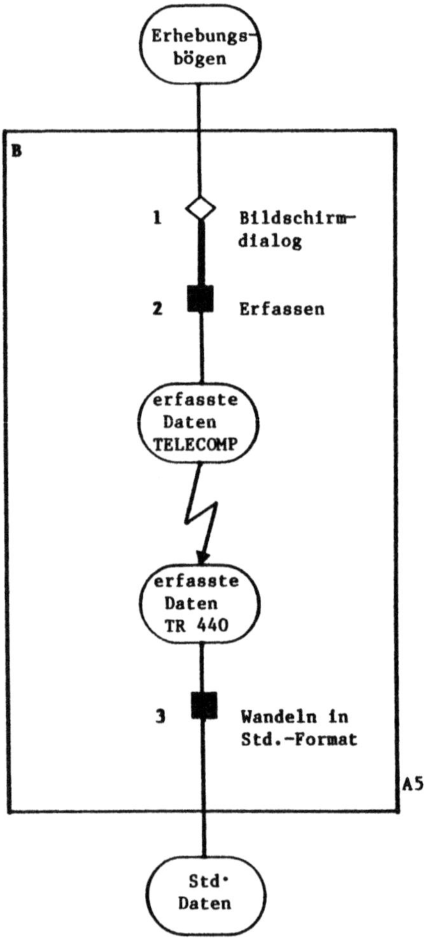

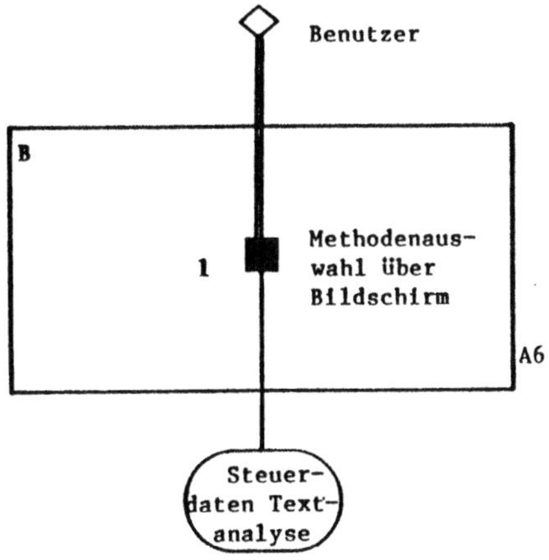
Benutzer
B
1
Methodenaus-
wahl über
Bildschirm
A6
Steuer-
daten Text-
analyse

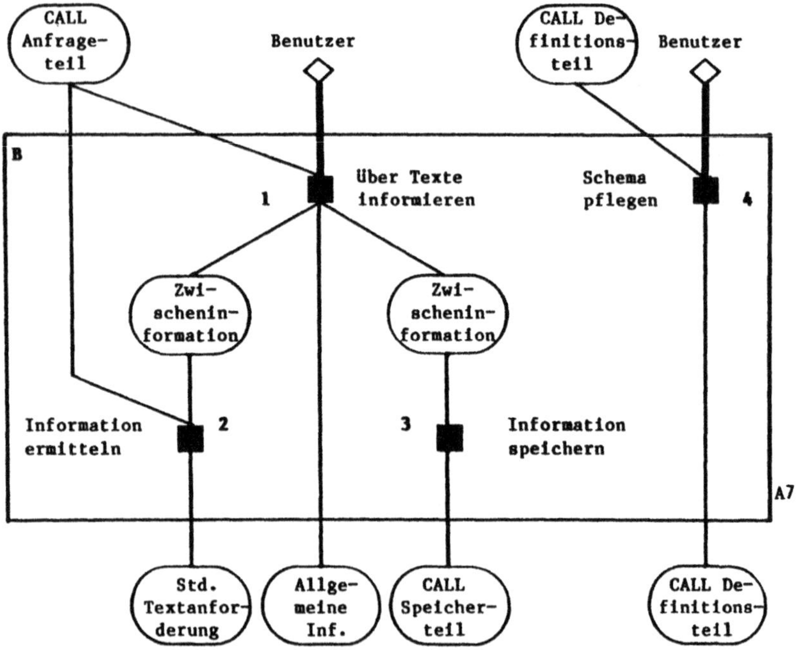
CALL Anfrageteil
Benutzer
CALL Definitionsteil
Benutzer
B
1
Über Texte informieren
Schema pflegen
4
Zwischeninformation
Zwischeninformation
Information ermitteln
2
3
Information speichern
A7
Std. Textanforderung
Allgemeine Inf.
CALL Speicherteil
CALL Definitionsteil

Statische Einheit	Dynamische Einheit	
	lesen	schreiben
Bezeichnung	ABCDE	ABCDE
Analyseergebnis	23	22
Ausgaben		32
Datei Wortvorschläge		12212
	12214	
	12223	
		14212
	14214	
Datenbank		32
	32	
Datenhandhabungssprache	32	31
Datenträgerkennung		1613
	1632	
Direktausgabe		22
Erhebungsbögen	**51**	
Hilfsmittel DUDEN	**12211**	
	12221	
	14211	
Konkordanz		1231
	12321	
	14321	
Konkordanz mit Pseudonymen	12322	12321
		1432
	14322	
Korrekturdatei		1211
	12212	
Korrekturdatei 2		1411
	14212	
Liste Wortvorschläge		12214
	12221	
		14214
Pseudonymspeicher	1211	
		12213
	12213	
		12323
	12323	
	1411	
		14213
	14213	
		14323
	14323	
Rotdruck		1212
	12211	
Rotdruck 2		1412
	14211	
Statistikschnittstelle		23
Std. Analyseergebnis		23
Std. Aufnahmedaten		1631
Std. Daten		53
	31	

Tabelle 4.4: Zeitliche Bezüge zwischen Dateien und Prozessen im TBS (1)

Steuerdaten Textanalyse		152
	21	
		61
Text	**11**	
Textbank		1633
	431	
Textkenndaten		11
	152	
	1613	
	1631	
Tonquelle	**131**	
Verzeichnis Datenträger		1612
	1612	
	1613	
Wortdatenbank	1211	
	12212	
		12224
	12224	
	1411	
	14212	
		162
	162	
attribuierter Text		1211
	1212	
	12213	
attribuierter Text 2		1411
	1412	
	14213	
erfasste Daten	53	52
erweiterte Korrekturdatei	12213	12212
	14213	14212
gedruckter Text		12215
	131	
gedruckter Text 2		14215
geprüfte Wortvorschläge	12224	12223
geprüfter Text		14213
	14215	
	151	
	162	
	1633	
	432	431
kontrollierter Text		133
	1411	
korrigierter Text		12213
	12215	
	133	
normierter Text		151
	22	
		432
ungeprüfter Text		11
	1211	
überarbeitete Liste	12222	12221
überarbeiteter Text	132	131

Tabelle 4.4: Zeitliche Bezüge zwischen Dateien und Prozessen im TBS (2)

ABCDE	ABCDE	ABCDE	ABCDE	ABCDE
11				
1211				
1212				
12211				
12212				
12213	12214			
12215				
12221				
12222				
12223				
12224				
1231				
12321				
12322				
12323				
131				
132				
133				
151	152	**1611**		
		1612	1613	162
		1631	1632	
			1633	
21				
22				
23				
31		31		
32		32		

Tabelle 4.5: Präzedenzen im TBS

Zusammenfassung

Die vorliegende Arbeit befaßt sich mit dem Entwurf und der Realisierung eines computergestützten Informationssystems zur Speicherung, Verwaltung und Auswertung maschinenverfügbarer Texte aus der psychotherapeutischen Gesprächssituation. In einem ersten Kapitel werden die Grundzüge und Probleme klinischer Forschung am Beispiel psychoanalytischer Behandlungsgespräche aufgezeigt. Es wird damit zugleich das Umfeld beschrieben, in dem diese Arbeit als Beitrag der Angewandten Informatik anzusiedeln ist. Der Duktus geht dabei von exemplarisch beschriebenen Prozeßmodellen zum psychoanalytischen Prozeß bis hin zum gesprochenen Wort, dem hauptsächlichen Handwerkszeug des Psychotherapeuten. Dabei werden auftretende Probleme, wie sie bei der Transkription und der Analyse der Gespräche auftreten, erörtert und die im Rahmen dieser Arbeit gefundenen Lösungswege aufgezeigt.

Das zweite Kapitel soll dem potentiellen Nutzer des Textbanksystems, also dem in der Psychotherapie Forschenden einen Eindruck von den Möglichkeiten des Systems vermitteln. Entsprechend wurde eine Darstellung aus der Benutzersicht gewählt, die auch Anwendungsbeispiele einschließt.

Entwurf und Realisierung eines Textbanksystems schließen zahlreiche linguistische Fragestellungen mit ein. Diesem Aspekt ist das dritte Kapitel gewidmet. Für Grundbegriffe und typische Algorithmen werden Definitionen vorgelegt, auf denen aufbauend zu einzelnen, in der linguistischen Datenverarbeitung aktuellen Fragestellungen Stellung bezogen wird. Insbesondere betrifft dies Probleme, wie sie durch die Besonderheiten gesprochener Sprache entstehen und Aspekte der sich daraus ergebenden Wortdatenbank gesprochener deutscher (und englischer) Sprache.

Das vierte Kapitel schließlich behandelt Aspekte, wie sie unter dem Blickwinkel der Informatik im Rahmen der Arbeit zu behandeln waren. Dazu zählt eine Ortsbestimmung des Typs "Textbanksystem" im Rahmen von Informationssystemen genauso wie das Aufzeigen und Bewerten vergleichbarer Lösungsansätze. Besonderes Gewicht wurde außerdem auf Gesichtspunkte zur Softwaretechnologie gelegt, soweit sie in der Entwurfs- und Realisierungsphase zum Tragen kamen. Eingehend dargestellt wird in diesem Zusammenhang das ebenfalls im Rahmen dieser Arbeit entwickelte Verfahren zum Entwurf und zur Darstellung von Softwarearchitekturen.

Im Anhang werden u.a. die im Zusammenhang mit dieser Arbeit entstandenen Regel zur Transkription von Gesprächen wiedergegeben. Dieses Regelwerk ist universell einsetzbar und kann für Transkripte mit und ohne Computerverfügbarkeit eingesetzt werden.

Literatur

Alekseev, P.M.: Statistische Lexikographie. Zur Typologie, Erstellung und Anwendung von Frequenzwörterbüchern. Studienverlag Dr. N. Brockmeyer, Bochum 1984.

Altmann, G.: Towards a Theory of Language. In: Altmann, G. (Ed.): Glottometrika 1: 1-25, Studienverlag Dr. N. Brockmeyer, Bochum 1978.

Altmann, G. und Kind, B.: Ein semantisches Gesetz. In: Köhler, R. und Boy, J.: Glottometrika 5: 1-13, Studienverlag Dr. N. Brockmeyer, Bochum 1982.

Aphek, E. and Tobin, Y.: Word Systems and the Language of Family Therapy. 12. Weltkongreß für Soziologie, Mexiko 1982.

Bänninger-Huber, E.: Die Anwendung von FACS zur Evaluation eines neuen Therapiekonzepts für Stotterer. In: Bänninger-Huber, E., Schneider, H. und Steiner, F. (Hrsg.): Nonverbales Verhalten als Indikator für kognitiv-affektive Prozesse in der Psychotherapie. Berichte Nr. 17 des Psychologischen Instituts der Universität Zürich 1984.

Balzert, H. (Hg.): Software-Ergonomie. Tagung des German Chapter of the ACM in Nürnberg 1983. Teubner, Stuttgart 1983.

Basili, V.R. and Perricone, B.T.: Software Errors and Complexity: An Empirical Investigation. Communications of the ACM 27(1): 42-52 (1984).

Bausch, K.-H.: Zur Umschrift gesprochener Hochsprache. In: Steger, H. (Hg.): Texte gesprochener deutscher Standardsprache I: 33-54, Institut für deutsche Sprache, Freiburg 1971.

Beermann, S.: Linguistische Analyse psychoanalytischer Therapiedialoge unter besonderer Berücksichtigung passiver Sprechmuster. Staatsexamensarbeit, Universität Hamburg 1983.

Benda, von H.: Feldversuch zur Gestaltung des Mensch-Maschine-Dialogs. In: Balzert, H. (Hg.): Software-Ergonomie. German Chapter of the ACM Berichte Bd. 14: 266-277, Teubner, Stuttgart 1983.

Bennett, W.R.: How Artificial is Intelligence? American Scientist 65: 694-702 (1977).

Bergmann und Henning: Lemmatisierung in HAM-ANS. Forschungsstelle für Informationswissenschaft und Künstliche Intelligenz. Universität Hamburg 1982.

Blanck, J. and Krijger, M.J. (Eds.): Methods and Techniques in Software Engineering. Wiley, New York 1983.

Boder, D.P.: The Adjective-Verb-Quotient: A Contribution to the Psychology of Language. In: Psychological Record 3: 310-343 (1940).

Bodmer, W.: Quantifizierbare Aspekte von Dialogen - Ihre Operationalisierung und deren Interpretation auf werk- und textsortenspezifischer Ebene. Lizentiatsarbeit an der Universität Zürich 1981.

Böckmann, H.-G.: Ergänzungen bei Struktogrammen. Angewandte Informatik 8: 330-336 (1983).

Böhm, C. and Jacopini, G.: Flow Diagrams, Turing Machines and Languages with only two Formation Rules. Commun. ACM 9: 366-371 (1966).

Boot, M.: Linguistic Data Structure. Reducing Encoding by Hand and Programming Languages. In: Jones, A.J. and Churchhouse, R.F. (Eds.): The Computer in Literary and Linguistic Studies. 255-270, University of Wales Press, Cardiff 1976.

Boot, M.: An Experimental Design for Automatic Syntactic Encoding of Natural Language Texts. ALLC-Bulletin 5: 237-241 (1977).

Boot, M.: Homographie. Ein Beitrag zur automatischen Wortklassenzuweisung in der Computerlinguistik. Unveröffentlichte Dissertation Utrecht 1978.

Brähler, E.: Die Erfassung des Interventionsstils von Therapeuten durch die automatische Sprachanalyse. Zeitschrift für Psychosomatische Medizin und Psychoanalyse 24: 156-168 (1978).

Brähler, E., und Zenz, H.: Apparative Analyse des Sprechverhaltens in der Psychotherapie. Zeitschrift für Psychosomatische Medizin und Psychoanalyse 20(4): 328-336 (1974).

Brunner, E.J. und Mergenthaler, E.: Erfassung von Kommunikationsmustern in Familien über die Analyse von Sprecherabfolgen. Vortrag, gehalten auf der 23. Tagung der experimentell arbeitenden Psychologen, Berlin 1981.

Brustkern, J. and Schulze, W.: Towards a Cumulated Word Data Base for the German Language. IKP-Arbeitsberichte Nr. 1: 1-9, Universität Bonn 1983.

Brustkern, J., Schlimgen, E. and Schulze, W.: Selected Bibliography on Machine-Readable Dictionaries. IKP-Arbeitsberichte Nr. 1. Universität Bonn 1983.

Brustkern, J., Heinze, G. und Schulze, W.: Die Wortdatenbank des Deutschen. Vortrag am Institut für deutsche Sprache, Mannheim 1984.

Burner, S.: Delire Clos et Delire Ouvert. ALLC Journal 12(1): 19 (1984).

Busemann, A.: Die Sprache der Jugend als Ausdruck der Entwicklungsrhythmik. Jena 1925.

Calzolari, N.: Lexical Definitions in a Computerized Dictionary. Computers & Artificial Intelligence 2: 225-233 (1983).

Chomsky, N.: Aspects of the Theory of Syntax. MIT-Press, Cambridge/Mass 1965. In Deutsch: Aspekte der Syntax Theorie. Suhrkamp, Frankfurt 1965.

Cierpka, M.: Personalpronomina als Indikatoren für interpersonale Beziehungen in einer psychoanalytischen Gruppentherapie. Med. Diss. Universität Ulm 1978.

Clippinger, J.: A Discourse Speaking Program as a Preliminary Theory of Discourse Behavior and a Limited Theory of Psychoanalytic Discourse. University Microfilms International Ann Arbor, Michigan USA 1974.

Codd, E.F.: A Relational Model of Data for Large Shared Data Banks. Communications of the ACM 13(6): 377-387 (1970).

COMPACT (Computergestütztes Programmier- (Problemlösungs-) Unterstützungssystem Actis). Fa. Actis GmbH, Stuttgart.

Cremerius, J.: Schweigen als Problem der psychoanalytischen Technik. Jahrbuch der Psychoanalyse 6: 69-103 (1969).

Croft, W.B. and Pezarro, M.T.: Text Retrieval Techniques for the Automated Office. In: Naffah, N. (Ed.): Office Information Systems. Proceedings of the 2nd. International Workshop on Office Information Systems, Oct. 1981. North-Holland, Amsterdam 1982.

Dagwell, R. and Weber, R.: System Designers' User Models: A Comparative Study and Methodological Critique. Communications of the ACM 26(11): 987-997 (1983).

Dahl, H.: Word Frequency of Spoken American English. Verbatim, Essex Conn. 1979.

Daniels, H.-J.: Die Bedeutung des Pflichtenheftes für den Software-Entwicklungsprozeß. Angewandte Informatik 3: 87-97 (1984).

Dearnley, P.A. and Mayhew, P.J.: In Favour of System Prototypes and their Integration into the Systems Development Cycle. The Computer-Journal 26(1): 36-42 (1983).

Degenhardt, B. und Degenhardt, W.: SIR/DBMS in der qualitativen Forschung. ZUMA-Arbeitsbericht 84/01: 5-55, Mannheim 1984.

Dennins, J.B.: Betrieb von Rechensystemen, Begriffe, Auftragsabwicklung. Beuth, Berlin 1976.

Deutsch, F.: Analytic Posturology. Psychoanal. Quart. 21: 196-214 (1952).

Dijkstra, E.W.: A Construcitve Approach to the Problem of Program Correctness. BIT 8(3): 174-186 (1968a).

Dijkstra, E.W.: The Structure of the THE Multiprogramming System. Commun. ACM: 341-356 (1968b).

Dijkstra, E.W.: Goto Considered Harmful. Comm. ACM 11(3): 1968c

Dijkstra, E.W.: Structured Programming. In: Buxton, J.N. and Randell, B. (Eds.): Software Engineering Techniques: 88-93, NATO-Science-Committee, Brüssel 1970.

Dijkstra, E.W.: Notes on Structured Programming. Structured Programming, Academic Press, New York 1972.

Dietrich, R.: Automatische Textwörterbücher. Studien zur maschinellen Lemmatisierung verbaler Wortformen des Deutschen. Niemeyer, München 1972.

Drewek, R.: Einige formale Charakteristiken in Gesprächen mit mehreren Sprechern. Glottometrika 6: (1984).

Drewek, R. and Erni, M.: LDVLIB. A (new) Software Package for Text Research. Vortrag ALLC-Conference, Pisa 1982.

Duden: Das große Wörterbuch der deutschen Sprache in sechs Bänden. Bibliographisches Institut Mannheim 1976.

Duden Band 4: Grammatik der deutschen Gegenwartssprache. 3. Auflage. Bibliographisches Institut Mannheim 1973.

Duden Band 5: Fremdwörterbuch. 3. Auflage. Bibliographisches Institut Mannheim 1974.

Dürr, H.-G.: Die Integration der Textverarbeitung und schriftlichen Kommunikation in das Informationssystem des Unternehmens. In: GI-Fachtagung: Information Retrieval Systeme und Management Information Systeme, Vorabdruck der Vorträge, Stuttgart 1970.

Dunsmore, H.: Designing an Interactive Facility for Non-Programmers. Proceedings of the ACM 80: 475-483 (1980).

Eggeling, J.: GOTO - REPEAT UNTIL. Schwierigkeiten mit der Software. In: Michel, K.M. und Spengler T. (Hg.): Kursbuch 75. Computerkultur: 75-87, Rotbuch, Berlin 1984.

Ehlich, K. und Rehbein, J.: Halbinterpretative Arbeitstranskription (HIAT 1). Linguistische Berichte 45: 21-41 (1976).

Ehlich, K. und Rehbein, J.: Erweiterte halbinterpretative Arbeitstranskription (HIAT 2): Intonation. Linguistische Berichte 59: 51-75 (1979).

Eisenmann, F.: Die Satzkonjunktionen in gesprochener Sprache. Niemeyer, Tübingen, 1973.

Erben, J.: Deutsche Grammatik -ein Leitfaden-. Fischer, Frankfurt 1968.

Fährmann, R.: Die Deutung des Sprechausdrucks. Bouvier, Bonn

1967.

Fischer, G.: Entwurfsrichtlinien für die Software-Ergonomie aus der Sicht der Mensch-Maschine-Kommunikation (MMK). In: Balzert, H. (Hg.): Software-Ergonomie. German Chapter of the ACM Berichte Bd. 14.: 30-48, Teubner, Stuttgart 1983.

Flader, D. und Grodziki, W.-D.: Hypothesen zur Wirkungsweise der psychoanalytischen Grundregel. Psyche 32: 545-594 (1978).

Flader, D.: Die psychoanalytische Therapie als Gegenstand sprachwissenschaftlicher Forschung. Studium Linguistik 5: 23-36 (1978).

Flader, D. und Wodak-Leodolter, R. (Hg.): Therapeutische Kommunikation. Scriptor, Köngigstein/Ts. 1979.

Flader, D., Grodzicki, W.-D. und Schröter, K.: Psychoanalyse als Gespräch. Suhrkamp, Frankfurt 1982.

Flader, D. und Koerfer, A.: Die diskurslinguistische Erforschung von Therapiegesprächen. Osnabrücker Beiträge zur Sprachtheorie 24: 57-90 (1983).

Freud, S.: Schriften zur Behandlungstechnik. S.Fischer, Frankfurt/M. 1913.

Freud. S.: Vorlesung zur Einführung in die Psychoanalyse und Neue Folge. S.Fischer, Frankfurt/M. 1916/17.

Friedman, J.: A Computer System for Transformational Grammar. Communications of the ACM 12(6): 341-348 (1969).

Friedman, J. et al.: A Computer Model of Transformational Grammar. Elsevier, New York 1971.

Friedman, J.: Working with the Interactive Version of the Transformational Grammar tester of J.Friedman - International Conference on Computational Linguistics, Pisa 1973.

Gass, E., Gerne, M., Loepfe, M., Meier, B., Rothenfluh, Th. and Strauch, I.: Traumdatenbank (TDB). Manual für die standardisierte Gewinnung von Traumberichten im Labor und die Handhabung einer zugehörigen Datenbank auf dem Computer. Psychologisches Institut der Universität Zürich 1983.

Gerkens, R.M. und Winter, D.: ISAC - Die Einbettung der Methode in eine Software-Produktionsumgebung. Veröffentlichung Nr. 84/2 der Firma ACTIS, Stuttgart 1984.

Gersbach, B.: Die Vergangenheitstempora in oberdeutscher gesprochener Sprache. Niemeyer, Tübingen 1981.

Gilb, T. and Weinberg, G.M.: Humanized Input. Techniques for Reliable Keyed Input. Winthrop Publishers, Inc., Cambridge 1977.

Godbersen, H.P.: Funktionsnetze. Eine Modellierungskonzeption zur Entwurfs- und Entscheidungsunterstützung. Ladewig, München 1983.

Goeppert, S. und Goeppert, H.: Sprache und Psychoanalyse. Rowohlt, Reinbek 1973.

Gotthard, W., Zincke, G. und Dreckmann, K.-H.: ANIMOS - eine integrierte Methode zum Softwareentwurf. Angewandte Informatik 6: 225-233, 1984.

Gottschalk, L.A.: Quantificitaton and Psychological Indicators of Emotions: The Content Analysis of Speech and other Objective Measures of Psychological States. Int.J.Psychiatry in Medicine 5(4): 587-611 (1974).

Gottschalk, L.A.: The Psychoanalytic Study of Hand-Mouth Approximations. Psychoanalysis and Contemporary Science 3: 269-291 (1974).

Gottschalk, L.A. and Gleser, G.C.: The Measurement of Psychological States Through the Content Analysis of Verbal Behavior. Calif.Univ.Press, Berkeley 1969.

Gottschalk, L.A. and Uliana, R.L.: Further Studies on the Relationship of non-verbal to verbal Behavior: Effect of Lip Caressing on Shame, Hostility, and Other Variables as Expressed in the Content of Speech. In: Freedman N. and Stanley G. (Eds.): Communicative Structures and Psychic Structures. 311-330, Plenum, New York 1977.

Griese, J.: Software Ergonomie. Informatik Spektrum 5(2): 124 (1982).

Gröben, N. und Westmeyer, H.: Kriterien psychologischer Forschung. Juventa, München 1975.

Grünzig, H.-J.: Zeitreihenanalyse psychoanalytischer Behandlungsverläufe: Stichprobenprobleme und erste Ergebnisse bei einem Einzelfall. In: Czogalik, D., Ehlers, W. und Teufel, R. (Hg.): Perspektiven der Psychotherapieforschung: Einzelfall-Gruppe-Institution. Hochschulverlag Freiburg 1984 (im Druck).

Grünzig, H.-J., Holzscheck, K. und Kächele, H.: EVA - Ein Programmsystem zur maschinellen Inhaltsanalyse von Psychotherapieprotokollen. Medizinische Psychologie 2: 208-217 (1976).

Grünzig, H.-J. und Mergenthaler, E.: Computerunterstützte Ansätze. Empirische Untersuchungen am Beispiel der Angstthemen. In: Koch, U. (Ed.): Sprachinhaltsanalyse in der psychosomatischen und psychiatrischen Forschung: Grundlagen- und Anwendungsstudien mit den Affektskalen von Gottschalk & Gleser. Beltz, Weinheim 1984 (im Druck).

Günther, U. und Groeben, N.: Abstraktheitssuffix-Verfahren: Vorschlag einer objektiven ökonomischen Messung der Abstraktheit/Konkretheit von Texten. In: Zeitschrift für experimentelle und Angewandte Psychologie 15(1): 55-74 (1978).

Guiter, H. and Arapov, M.V. (Ed.): Studies on Zipf's Law. Studienverlag Dr. N. Brockmeyer, Bochum 1982.

Haag, W.: Dokumentation von Anwendungssystemen aus der Sicht der Benutzer. Informatik und Operations Research, Schriftenreihe Band 9. S.Toeche-Mittler-Verlag, Darmstadt 1981.

Hedberg, B. and Mumford, E.: The Design of Computer Systems: Man's Vision of man as an Integral Part of the System Design Process. In: Mumford, E. and Sackman, H. (Eds.): Human Choice and Computers: 31-59, North-Holland, Amsterdam 1975.

Held, G., Stonebraker, M.R. und Wong, E.: INGRES: A Realtional Database System. Proc. Nat. Computer Conf. (Anaheim, Calif. May. 19-22): 409-416 (1975).

Henken, V.J.: Banality Reinvestigated: A Computer-Based Content Analysis of Suicidal and Forced Death Documents. Suicide 6(1): 36-43 (1976)

Henne, H. und Rehbock, H.: Einführung in die Gesprächsanalyse. Sammlung Göschen, de Gruyter, Berlin 1979.

Hennig, J. und Huth, L.: Kommunikation als Problem der Linguistik. Vandenhoeck & Ruprecht, Göttingen 1975.

Herczeg, M.: DYNAFORM - Ein interaktives Formularsystem zum Aufbau und zur Bearbeitung von Datenbasen. In: Balzert, H. (Hg.): Software-Ergonomie. German Chapter of the ACM Berichte Bd. 14: 135-146,Teubner, Stuttgart 1983.

Heß, K., Brustkern, J. und Lenders, W.: Maschinenlesbare deutsche Wörterbücher. Dokumentation, Vergleich, Integration. Niemeyer, Tübingen 1983.

Hörmann, H.: Meinen und Verstehen - Grundzüge einer psychologischen Semantik. Suhrkamp, Frankfurt 1976.

Hoffmann, K. und Poller, H.: Untersuchungen zum Selektionsprozeß in psychoanalytischen Behandlungsprotokollen. Med. Diss. Universität Ulm 1978.

IBM Corpo.: HIPO - A design aid and documentation technique. 1974,

Ince, D.C.: A Software Tool for Top-down Programming. Software-Practice and Experience 13: 687-695 (1983).

Inhetveen, R. und Luft, A.L.: Abstraktion, Idealisierung und Modellierung bei der Spezifikation, Konstruktion und Verifikation von Software-Systemen. Angewandte Informatik 12: 541-548 (1983).

Jackson, M.: System Development. Prentice-Hall, Englewood Cliffs 1983.

Jacob, R.J.: Using Formal Specifications in the Design of a Human-Computer Interface. Communications of the ACM 26(4):

259-264 (1983).

Jappe, G.: Über Wort und Sprache in der Psychoanalyse. Fischer, Frankfurt 1971.

Jochum, F.: Semantik-orientiertes Retrieval natürlichsprachlicher Texte. In: Wossidlo, P.R. (Hg.): Textverarbeitung und Informatik. Informatik-Fachberichte 30: 114-126, Springer, Berlin 1980.

Jochum, F. und Winter, E.: ISAC - Eine Analyse- und Entwurfsmethode für komplexe Softwaresysteme. Veröffentlichung Nr. 81/2 der Firma ACTIS, Stuttgart 1981.

Kächele, H.: Maschinelle Inhaltsanalyse in der psychoanalytischen Prozeßforschung. Unveröffentlichte med. Habil., Ulm 1976.

Kächele, H.: Zur Bedeutung der Krankengeschichte in der klinisch-psychoanalytischen Forschung. Jahrbuch für Psychoanalyse XII: 118-178 (1981).

Kächele, H.: Verbal Acitivity Level of Therapists in Initial Interviews and Long-Term Psychoanalysis. In: Minsel, W.R. und Herff, W. (Eds.): Methodology in Psychotherapy Research. Proceedings of the 1st European Conference on Psychotherapy Research. Trier 1981, Vol.1: 125-129, Lang, Frankfurt 1983.

Kächele, H.: Computer-Aided Analysis of Psychotherapeutic Discourse. - An Introduction to the Workshop. In: Minsel, W.R. und Herff W. (Eds.): Methodology in Psychotherapy Research. Proceedings of the 1st European Conference on Psychotherapy Research. Trier 1981, Vol. 1: 116-118, Lang, Frankfurt 1983.

Kächele, H., Grünzig, H-J. und Thomä, H.: Zur Urteilsbildung im psychoanalytischen Prozeß. Die Bedeutung des linear-additiven Modells. Medizinische Psychologie 5: 66-80 (1979)

Kächele, H., Hohage, R. und Mergenthaler, E.: Therapieorientierte Dokumentation in einer psychotherapeutischen Ambulanz - Funktion und Implikation. Psychotherapie, Psychosomatik, Medizinische Psychologie 33(4): 142-146 (1983).

Kächele, H. und Mergenthaler, E.: A Survey of Literature Refering to the Analysis of Data in Psychotherapy. In: Minsel, W.R. und Herff, W. (Eds.): Methodology in Psychotherapy Research. Proceedings of the 1st European Conference on Psychotherapy Research, Trier 1981, Vol. 1: 153-161, Lang, Frankfurt 1983.

Kächele, H. und Mergenthaler, E.: Auf dem Wege zur computerunterstützten Textanalyse in der psychotherapeutischen Prozeßforschung. In: Baumann, U. (Hg.): Psychotherapie: Makro-/Mikroperspektive. Verlag für Psychologie, Dr. C.J. Hogrefe, Göttingen 1984.

Kächele, H., Schaumburg, C. und Thomä, H.: Verbatimprotokolle als Mittel in der psychotherapeutischen Verlaufsforschung.

Psyche 10: 902-927 (1973).

Kächele, H., Thomä, H. und Schaumburg, C.: Veränderungen des Sprachinhaltes in einem psychoanalytischen Prozeß. Schweizer Archiv für Neurologie, Neurochirurgie und Psychiatrie 116: 197-228 (1975).

Kallmeyer, W. und Schütze, F.: Konversationsanalyse. Studium Linguistik 1: 1-28 (1976).

Katz, J.J. and Fodor, J.A.: The Structure of a Semantic Theory. In: Fodor, J.A. and Katz, J.J. (Eds.): The Structure of Language. Prentice-Hall, Englewood Cliffs 1964.

Keenan, E.L.: On Semantically Based Grammar. Linguistic Inquiry III(4): 1972.

Keutgen, H.: Rapid Prototyping. Informatik Spektrum 5(2): 125, (1982).

Klann-Delius, G.: Zur Transkription der Daten. Arbeitspapier Universität Bielefeld 1981.

Knauel, H.: Zauberwort "Textbank". Börsenblatt 18: 529-533 (1982).

Koberg, D. and Bagnall, J.: The UNIVERSAL TRAVELER - A Soft-Systems guide to: Creativity, Problem-Solving, and the Process of Reaching Goals. Kaufmann, Los Altos 1976. In Deutsch erschienen: Der Universal Reiseführer. Ein zuverlässiger Begleiter für alle, die Probleme lösen und Ziele erreichen wollen. Bauwelt, Berlin 1976.

Koch, U. (Hg.): Sprachinhaltsanalyse in der psychosomatischen und psychiatrischen Forschung: Grundlagen- und Anwendungsstudien mit den Affektskalen von Gottschalk & Gleser. Beltz, Weinheim 1984.

Köhler, R.: Modelle und Methoden der quantitativen Linguistik und ihr Verhältnis zur Inhaltsanalyse. Vortrag auf dem LDV-Kolloquium der Universität Trier 1983.

Köhler, R.: Zur Interpretation des Menzerathschen Gesetzes. In: NN. (Hg.): Glottometrika 6: Studienverlag Dr.N. Brockmeyer, Bochum 1984 (erscheint).

Köhler, R. und Altmann, G.: Semiotische Systeme. Zeitschrift für Semiotik V/4: (1983).

Kohut, H.: Introspektion, Empathie und Psychoanalyse. Suhrkamp-Taschenbuch, Frankfurt 1977.

Koolwijk, van J. und Wieken-Mayser, M.: Techniken der empirischen Sozialforschung. Oldenbourg, 1974 (Band 3).

Kops, M.: Auswahlverfahren in der Inhaltsanalyse. Hain, Meisenheim 1977.

Kowarski, I. and Michaux, C.: MIDOC: A Microcomputer System for the Management of Structured Documents. Information Processing 83: 567-572 (1983).

Krause, R.: Sprache und Affekt. Kohlhammer, Stuttgart 1981.

Krug, R. und Köhle, K.: Der Gebrauch von Personalpronomina als Indikator für Beziehungskonstellationen in Visitengesprächen. In: Köhle, K. und Raspe, H.H. (Eds.): Das Gespräch während der ärztlichen Visite: 178-195, Urban & Schwarzenberg, München 1982.

Kucera, H. and Francis, W.N.: Computational Analysis of Present-Day American English. Brown University Press, Boston 1967.

Küpfmüller, K.: Die Entropie der deutschen Sprache. Fernmeldetechnische Zeitschrift 7(6): 265-271 (1954).

Labov, W. and Fanshel, D.: Therapeutic Discourse - Psychotherapy as Conversation. Academic Press, New York 1977.

Lacan, J.: Fonction et champ de la Parole et du Langage en Psychoanalyse (1956): 237-322, Ecrits Senil, Paris 1966. In deutsch erschienen in: Haas, N. (Hg.): Schriften I: 73-169, Walter, Olten 1973.

Laffal, J.: An Approach to the Total Content Analysis of Speech in Psychotherapy. In: Shlien, J.M. (Ed.): Research in Psychotherapy: 277-294, American Psychological Association, Washington 1968.

Lang, H.: Die Sprache und das Unbewußte. Jaques Lacans Grundlegung der Psychoanalyse. Suhrkamp, Frankfurt 1973.

Lisch, R. und Kriz, J.: Grundlagen und Modelle der Inhaltsanalyse. Rowohlt (rororo) Hamburg 1978.

Lolas, F., Mergenthaler, E. and Von Rad, M.: Content Analysis of Verbal Behaviour in Psychotherapy Research: A Comparison between two methods. British Journal of Medical Psychology 55: 327-333 (1982).

Lorenz, M. and Cobb, S.: Language and a Woman's Place. Harper and Row, New York 1975.

Luborsky, L. und Spence, D.: Quantitative Research on Psychoanalytic Therpay. In: Garfield, S. and Bergin, A. (Eds.): Handbook of Psychotherapy and Behavior Change. Wiley, New York 1971 (2. Aufl. in: Bergin, A. and Garfield, S. (Eds.): 1978).

Lucas, H.C.: Why Information Systems fail. Columbia University Press, New York 1975.

Lüke, B.: Experimentelle Untersuchungen zum Benutzerverhalten in der Dialog-Finanzbuchhaltung. In: Balzert, H. (Hg.): Software-Ergonomie. German Chapter of the ACM Berichte Bd. 14: 288-300, Teubner, Stuttgart 1983.

Lundeberg, M., Goldkuhl, G. and Nilssen, A.: A Systematic Approach to Information Systems Development - I: Indroduction. Information Systems 4(1): 93-118 (1979).

Maddison, R.N. et al.: Information System Methodologies. In: Samet, P.A. (Ed.): BCS Monographs in Informatics. Wiley Heyden Ltd., Great Britain, 1983.

Mahl, G.F.: Disturbances and Silence in the Patient's Speech in Psychotherapy. Journal of Abnormal and Social Psychology 53: 1-15 (1956).

Mahl, G.F.: On the use of "ah" in Spontaneous Speech: Quantitative, Developmental, Characterological, Situational, and Linguistic Aspects. Amer. Psychol. 13: 349 (1958).

Mahl, G.F.: Measures of two Expressive Aspects of a Patient's Speech in two Psychotherapeutic Interviews. In: Gottschalk, L.A. (Ed.): Comparative Psycholinguistic Analysis of two Psychotherapeutic Interviews: 91-114, Int. Univ. Press, New York 1961.

Mahl, G.F.: Body Movement, Ideation, and Verbalization During Psychoanalysis. In: Freedman, N. and Stanley G. (Eds.): Communicative Structures and Psychic Structures: 291-310, Plenum Press, New York 1977.

Mergenthaler, E.: Bemerkungen zur computerunterstützten Sprachinhaltsanalyse. Vortrag 2. Werkstatt für Forschung in der Psychoanalyse, Ulm 1979.

Mergenthaler, E.: Das Textkorpus in der psychoanalytischen Forschung. In: Bergenholtz, H. und Schäder, B. (Hg.): Empirische Textwissenschaft. Aufbau und Auswertung von Text-Corpora. Scriptor-Verlag, Königstein/Ts., 1979.

Mergenthaler, E.: Das Psychotherapie-Textarchiv in Ulm. Zentralarchiv für empirische Sozialforschung. Information 9. Köln 1981.

Mergenthaler, E.: Some Hints on Textual Data. Classifying, Archiving and Analyzing. In: Minsel, W.R. und Herff, W. (Eds.): Methodology in Psychotherapy Research. Proceedings of the 1st European Conference on Psychotherapy Research. Trier 1981, Vol. 1: 118-124, Lang, Frankfurt 1983.

Mergenthaler, E.: Die Transkription von Gesprächen. Eine Zusammenstellung der Regeln. Arbeitspapier Abteilung für Psychotherapie, Universität Ulm 1984. Auch erschienen in: ZUMA-Arbeitsbericht 84/01: 5-25, Mannheim 1984. (Teil 1)

Mergenthaler, E.: TEXT BASE MANAGEMENT Systeme - Werkzeuge zur Archivierung und Analyse sprachlicher Daten. Angewandte Informatik 6: 262-267 (1983).
Auch erschienen in: ZUMA-Arbeitsbericht 84/01: 56-64, Mannheim 1984. (Teil 2)

Mergenthaler, E. und Büscher, U: Benutzerhandbuch für das Programmsystem EVA zur automatisierten Inhaltsanalyse. Arbeitspapier Abteilung für Psychotherapie, Universität Ulm 1979.

Mergenthaler, E., Drewek, B. und Kemmer, U.: Benutzerhandbuch für das Textbanksystem. SFB 129, Universität Ulm, in Vorbereitung.

Mergenthaler, E. und Hössle, I.: Das Patientendokumentationssystem PADOS. Abteilung Psychotherapie, Ulm, in Vorbereitung.

Mergenthaler, E., Nafe, B. und Traue, H.: Zur prozeduralen Berechnung von Interaktionskennwerten. Arbeitspapier SFB 129, Universität Ulm 1984.

Mergenthaler, E. und Stöcklein, U.: FKON51: Ein Fortran-Konstruktor zur Datenerfassung am SIG51. Arbeitspapier Abteilung Psychotherapie, Ulm 1979.

Merten, K.: Inhaltsanalyse. Westdeutscher Verlag, Köln 1983.

Meyer, A.-E.: Psychoanalytische Prozeßforschung zwischen der Skylla der "Verkürzung" und der Charybdis der "systematisch akustischen Lücke". Zeitschrift Psychosomatische Medizin 27: 103-116 (1981).

Mills, H.D.: Mathematical Foundations for Structured Programming. IBM Document, Gaithersburg 1972.

MINDOK. Ein Informationssystem auf Kleinrechnern zur Erfassung, Verwaltung und Retrieval von Dokumenten und Daten. (Ausgabe 2.0) INFODAS GmbH, Köln 1983

Minsel, W.-R.: Beziehungen zwischen dem Erfolg von Psychotherapie und Sprachmerkmalen der Psychotherapeuten sowie ihrer Klienten. In: Nickel, G. (Hg.): Kongreßberichte der 2. Jahrestagung der Gesellschaft für Angewandte Linguistik: 157-161 (1971).

Mochmann, E. (Hg.): Computerstrategien für die Kommunikationsanalyse. Campus, Frankfurt 1980.

Mohler, P.Ph. und Züll, C.: TEXTPACK V-Kurzbeschreibung. ZUMA-Arbeitsbericht 84/01: 63-91, Mannheim 1984. (Teil 1)

Moles, A.A.: Informationstheorie und ästhetische Wahrnehmung. M.DuMont, Schauberg, Köln 1971.

Moritz, H.: Umsetzung wahrnehmungspsychologischer Erkenntnisse für die Informationsgestaltung am Bildschirm (Maskengestaltung). In: Balzert, H. (Hg.): Software-Ergonomie. German Chapter of the ACM Berichte Bd. 14: 98-113, Teubner, Stuttgart 1983.

Moser, U.: Affektsignal und aggressives Verhalten. Zwei verbal formulierte Modelle der Aggression. In: Psyche: Bd. XXXII: 229-258, 1978.

Moser, U.: Beiträge zu einer psychoanalytischen Theorie der Affekte. Berichte aus der interdisziplinären Konfliktforschungsstelle am Soziologischen Institut der Universität Zürich Nr. 10, Teil 1 (1983).

Moser, U., von Zeppelin, I. und Schneider, W.: Wunsch, Selbst, Objektbeziehung: Entwurf eines Regulierungsmodells kognitiv-affektiver Prozesse. Berichte aus der Interdisziplinären Konfliktforschungsstelle Nr. 9 vom Soziologischen Institut der Universität Zürich 1981.

Nake, F.: Schnittstelle Mensch-Maschine. In: Michel, K.M. und Spengler, T. (Hg.): Kursbuch 75. Computerkultur: 109-118, Rotbuch, Berlin 1984.

Nassi, I. and Shneiderman, B.: Flowchart Techniques for Structured Programming. SIGPLAN Notices: 13-26 (1973).

Neudert, L., Kübler, Ch. und Schors, R.: Die inhaltsanalytische Erfassung von Leiden im psychotherapeutischen Prozeß. In: Czogalik, D., Ehlers, W. und Teufel, R. (Hg.): Perspektiven der Psychotherapieforschung: Einzelfall-Gruppe-Institution. Hochschulverlag Freiburg 1984. (im Druck)

Norman, D.A.: Design Rules Based on Analyses of Human Error. Communications of the ACM 26(4): 254-258 (1983).

O'Dell, J. and Winder, P.: Evaluation of a Content-Analysis System for Therapeutic Interviews. Journal of Clinical Psychology 31(4): 737-744 (1975).

Olle, T.W., Sol., H.G. and Verijn-Stuart, A.A. (Eds.): Information Systems Design Methodologies: A Comparative Review. Proceedings of the IFIP TC 8 Working Conference on Comparative Review of Information Systems Design Methodologies, Noordwijkerhout, The Netherlands, 10-14 May 1982. North-Holland, Amsterdam 1982.

Olle, T.W., Sol, J.G. and Tully, C.J. (Eds.): Information Systems Design Methodologies: A Feature Analysis. Proceedings of the IFIP WG 8.1 Working Conference on Feature Analysis of Information Systems Design Methodologies, York, UK, 5-7 July 1983. North-Holland, Amsterdam 1983.

Parunak Dyke Van, H.: Data Base Design for Biblical Texts. In: Bailey, R.W. (Ed.): Computing in the Humanities: 149-161, North-Holland 1982.

Paulus, W.: Planung und Entwicklung eines Programmsystems zur EDV-gestützten qualitativen Analyse von Verbaldaten. Vortrag auf dem ZUMA-Workshop: Datenmanagement bei qualitativen Erhebungsverfahren 1983. ZUMA-Arbeitsbericht 84/01: 65-90, Mannheim 1984. (Teil 2)

Pepinsky, H.B.: A Computer-Assisted Language Analysis System (CALAS) and its Applications. ERIC Document Reproduction Service, Arlington 1979.

Piller, E.: Der Einfluß der Rechnerarchitektur auf die Software-Ergonomie. In: Balzert, H. (Hg.): Software-Ergonomie. German Chapter of the ACM Berichte Bd. 14: 215-226, Teubner, Stuttgart 1983.

Ramsey, H., Atwood, M.E. and Doren van, J.R.: Flowcharts Versus Program Design Languages: An Experimental Comparison. Communications of the ACM 26(6): 445-449 (1983).

Reynes, R.: Lexical Differences between Working and Resistance Sessions in Psychoanalytic Psychotherapy. Journal of Clinical Psychology 1984 (in Press).

Rödiger, K.-H. und Nullmeier, E.: Arbeitswissenschaftliche und psychologische Kriterien für die Softwaregestaltung - was bleibt von den Ansprüchen und wie könnte man sie erfüllen? In: Balzert, H. (Hg.): Software-Ergonomie. German Chapter of the ACM Berichte Bd. 14: 278-287, Teubner, Stuttgart 1983.

Roome, W.D.: Programmer's Workbench: New Tools for Software Development. Bell.Lab.Rec. 57(1): 19-25 (1979).

Ross. D.T.: Structured analysis (SA) - a language for communicating ideas. IEEE Transactions on Software Engineering 1(3): 6-15 (1977).

Ruberg, W.: Untersuchung sprachlicher Reaktionen von Patienten auf Tonbandaufnahmen psychoanalytischer Behandlungen. Med. Diss. Universität Ulm 1981.

Ruoff, A.: Grundlagen und Methoden der Untersuchung gesprochener Sprache. Niemeyer, Tübingen 1973.

Ruoff, A.: Häufigkeitswörterbuch gesprochener Sprache. Niemeyer, Tübingen 1981.

Ryska, N. und Herda, S.: Kryptographische Verfahren in der Datenverarbeitung. Springer, Berlin 1980.

SALEM: Ein Verfahren zur automatischen Lemmatisierung deutscher Texte. Niemeyer, Tübingen 1980.

Sandig, B.: Zur Differenzierung gebrauchssprachlicher Textsorten im Deutschen. In: E. Gülich, E. und Raible, W. (Hg.): Textsorten: Differenzierungskriterien aus linguistischer Sicht. Frankfurt 1972.

Schank, R.C.: Language and Memory. Cognitive Science 4: 243-284 (1980).

Schaumburg, C.: Personalpronomina als Indikatoren interpersonaler Beziehungen. Rer. biol. hum. Diss., Universität Ulm 1980.

Schek, H.J. and Lum, V.: Complex Data Objects: Text, Voice, Images: Can DBMS Manage Them? Proceedings Ninth International Conference on Very Large Data Bases, Florence 1983.

Schlörer, J.: Probleme des Datenschutzes und der Datensicherung bei "anonymen" Daten. Med. Welt 29(19): 777-781 (1978).

Schmucker, B.: Entwurf und Implementierung eines Systems zur On-line-Transkription psychotherapeutischer Texte. Dipl. Arbeit, Universität Ulm/Heidelberg 1981.

Schneider, H.-J. (Hg.): Lexikon der Informatik und Datenverarbeitung. Oldenbourg, München 1983.

Schöfer, G.: Das Gottschalk-Gleser-Verfahren: Eine Sprachinhaltsanalyse zur Erfassung und Quantifizierung von aggressiven und ängstlichen Affekten. Zeitschrift für Psychosomatische Medizin und Psychoanalyse 23: 86-102 (1977).

Schöfer, G.: Versuch der Anwendung der Gottschalk-Gleser-Sprachinhaltsanalyse auf Psychotherapiematerial. Therapiewoche 26(7): 1049-1057 (1976a).

Schöfer, G.: Erfassung affektiver Veränderungen durch Sprachinhaltsanalyse im Psychotherapieverlauf. Bibl. Psychiat. 154: 55-61 (1976b).

Schöfer, G.: Das Gottschalk-Gleser-Verfahren: Eine Sprachinhaltsanalyse zur Erfassung und Quantifizierung von aggressiven und ängstlichen Affekten. Zeitschrift für Psychosomatische Medizin und Psychoanalyse 23: 86-102 (1977).

Schott, G.: Automatische Deflexion deutscher Wörter unter Verwendung eines Minimal-Wörterbuchs. Sprache und Datenverarbeitung (SDV) 1: 62-77 (1978).

Schulz, A.: Vom CAD zum CAS: Angewandte Informatik 12: 607-614 (1982).

Schulz, A.: Methoden des Softwareentwurfs und Strukturierte Programmierung. Gruyter, Berlin 1982.

Schupp, J.: Möglichkeiten EDV-gestützter Strukturierung und Ordnung des qualitativen Interviews. ZUMA-Arbeitsbericht 84/01: 93-119 Mannheim 1984 (Teil 1).

Schwartz, A.: Toward a Computer Content Analysis of Concreteness. Undergraduate Psychology Major's Honor Thesis, University of New York 1980.

Sneed, H.: Programmentwurfs-Methoden im Vergleich. Online-adl-Nachrichten 9: 716-721 (1979).

SOFTECH Inc.: SADT. Structured analysis and design technique of SofTech, Inc. 1978.

Spence, D.P.: The Processing of Meaning in Psychotherapy: Some Links with Psycholinguistics and Information Theory. Behavioral Science 13(5): 349-361 (1968).

STAIRS. Dokumentationssystem zur Informationsspeicherung und -

wiedergewinnung. IBM Deutschland GmbH, Bonn 1972.

Stelck, K.: SONIS. Social Network Investigation System. European Political Data Newsletter 50: 40-50 (1984).

Stone, P.J., Dunphy, D.C., Smith, M.S., and Ogilvie, M.: The General Inquirer: A Computer Approach to Content Analysis. The MIT-Press, London 1966.

Stonebraker, M., Stettner, H., Lynn, N., Kalash, J. and Guttman, A.: Document Processing in a Relational Database System. ACM Transactions on Office Information Systems 1(2): 143-152 (1983).

Stonebraker, M., Wong, E., Kreps, P. and Held, G.: The Design and Implementation of INGRES. ACM Trans. Database Syst. 1(3): 189-222 (1976).

Tausch, R.: Gesprächspsychotherapie. Hogrefe, Göttingen 1973.

Tausworthe, R.C.: Standardized Development of Computer Software. Part I Methods. Prentice-Hall, Inc., Englewood Cliffs, New Jersey 1977.

Teller, V. and Dahl, H.: Framework for a Model of Psychoanalytic Inference. Proceedings IJCA. 394-400, Vancouver 1981.

Thaller, M.: Datenbankorientierte Verfahren bei der maschinenunterstützten Auswertung historischen Quellenmaterials. In: Kneser, T. (Hg.): Datenverarbeitung in den Geisteswissenschaften, Göttingen 1980a.

Thaller, M.: Automation on Parnassus. CLIO - A Databank Oriented System for Historians. In: Historical Social Research / Historische Sozialforschung 15: 1980b.

Thaller, M.: CLIO: Ein datenbankorientiertes Programmsystem für Historiker. Manual Teil 1, Göttingen 1982.

Thaller, M.: CLIO: Ein datenbankorientiertes Programmsystem für Historiker. Manual Teil 2, Göttingen 1983a.

Thaller, M.: CLIO: Einführung und Systemüberblick. Manual, Göttingen 1983b.

Thaller, M.: Recycling the Drudgery. On the Integration of Software Supporting Secondary Analysis of Machine-Readable Texts in a DBMS. Computers in Literary and Linguistic Research. Proceedings of the VII International Symposium of the ALLC, Pisa 1982. Auch in: Linguistica Computationale III (83c) Supplement: 253-268 (1983c).

Thaller, M.: Ungefähre Exaktheit. Theoretische Grundlagen und praktische Möglichkeiten einer Formulierung historischer Quellen als Produkte 'unscharfer' Systeme. Max-Planck-Institut Göttingen, 1984a.

Thaller, M.: Ungenauigkeit und Effizienz. Die Informationsstruktur historischen Quellenmaterials und ihre Bearbeitung mit dem datenbankorientierten Programmsystem CLIO. Vortrag auf dem ZUMA-Workshop Datenmanagement bei qualitativen Erhebungsverfahren 1983. In: ZUMA-Arbeitsbericht 84/01. Datenbanksysteme für das Management sprachlicher Daten. Teil 2: 91-122 (1984b).

Thomä, H., Kächele, H. und Schaumburg, C.: Modell zur klinisch-empirischen Verlaufsforschung. Bericht, DFG-Projekt 170, Teil B, Ulm 1973.

Thomä, H. und Rosenkötter, L.: Audiovisuelle Hilfsmittel in der psychotherapeutischen Ausbildung. Didacta Medica 4: 108-112 (1970).

Thomä, H.: Schriften zur Praxis der Psychoanalyse: Vom spiegelnden zum aktiven Psychoanalytiker. Suhrkamp, Frankfurt 1981.

Toglia, M.P. and Battig, W.F.: Handbook of Semantic Word Norms. Wiley, New York 1978.

Traue, H.: Der Einsatz maschineller Inhaltsanalyse zur Untersuchung verbaler Interaktionen. In: Mackensen, R. und Sagebiel, F.: Soziologische Analysen, TUB-Dokumentation, Berlin 1979.

Verheijen, G.M.A. and Van Bekkum, J.: NIAM: An Information Analysis Method. In: Olle, T.W., Sol, H.G. and Verijn-Stuart, A.A. (Eds.): Information Systems Design Methodologies: A Comparative Review. Proceedings of the IFIP TC 8 Working Conference on Comparative Review of Information Systems Design Methodologies, Noordwijkerhout, The Netherlands. North-Holland, Amsterdam 1982.

Wallerstein, R. und Sampson, H.: Issues in Research in the Psychoanlytic process. Int. J. Psychoanal. 52: 11-50 (1971).

Walther, E.: Abriß der Semiotik. Arch +2, H. 8: 3-13 (1969).

Wedekind, H.: Systemanalyse - Die Entwicklung von Anwendungssystemen für Datenverarbeitungsanlagen. Hanser, München 1973.

Weinrich, H.: Großer Mann - was nun? Die Zeit 3: (1975).

Weizenbaum, J.: Die Naturwissenschaft und der zwanghafte Programmierer. Psyche 3: 268-285 (1976). Original in: Weizenbaum, J.: Computer Power and Human Reason. From Judgment to Calculation. W.E. Freemann, San Francisco 1976.

Weizenbaum, J.: Die Macht der Computer und die Ohnmacht der Vernunft. Suhrkamp, Frankfurt 1977.

Westmeyer, H.: Wissenschaftstheoretische Grundlagen der Einzelfallanalyse. In: Petermann, F. und Heht, F.J. (Hg.): Fortschritte der Klinischen Psychologie 18, Einzelfallanalyse: 17-34, Urban und Schwarzenberg, München 1979.

Willee, G.: LEMMA - Ein Programmsystem zur automatischen Lemmatisierung deutscher Wortformen. Sprache und Datenverarbeitung. Bd. 1/2, 3. Jahrg: 45-60 (1979).

Willee, G.: Das Programmsystem LEMMA 2 - Eine Weiterentwicklung von 'LEMMA'. IKP-Arbeitsberichte Nr. 2. Universität Bonn 1982.

Willee, G.: Möglichkeiten einer maschinellen Auswertung der Texte von Jargon-Aphatikern. GAL-Vortrag, Heidelberg 1984.

Winkler, P.: Notationen des Sprechausdrucks. Zeitschrift für Semiotik 1: 211-224 (1979).

Winkler, P.: Markierungen paraphonetischer Information: Kurventypen, Kombinationen und Strukturen. In: Köhler, R. and Boy, J.: Glottometrika 5: 168-202, Studienverlag Dr. N. Brockmeyer, Bochum 1983.

Winograd, T.: Understanding Natural Language. Academic Press, New York 1972.

Wirth, N.: Program Development by Stepwise Refinement. Communications of the ACM 14(4): 221-227 (1971).

Wirtz, E.M. and Kächele, H.: Emotive Aspects of Therapeutic Language: A Pilot Study on Verb-Adjective-Ratio. In: Minsel, W.R. and Herff, W. (Eds.): Methodology in Psychotherapy Research. Proceedings of the 1st European Conference on Psychotherapy Research. Trier 1981, Vol.1: 130-135, Lang, Frankfurt 1983.

Wodak, R.: How do I put my Problem? Problem Presentation Therapy and Interview. Text 1:2(11): 191-213 (1981).

Wright, P. and Lickorish, A.: Proof-Reading Texts on Screen and Paper. Behaviour and Information Technology 2(3): 227-235 (1983).

Zadeh, L.A.: Fuzzy Sets. Information and Control 8: 338-353 (1965).

Zadeh, L.A.: Coping with the Imprecision of the Real World. Communications of the ACM 27(4): 304-311 (1984).

Zemanek, H.: Elementare Informationstheorie: 47-61, Oldenbourg, München 1959.

Zeppelin von, I.: Skizze eines Prozeßmodells der Psychoanalytischen Therapie. Psychologisches Institut der Universität Zürich 1981.

Zimbardo, Ph.G., Mahl, G.F. and Barnard, J.W.: The Measurement of Speech Disturbande in Anxious Children. Journal of Speech and Hearing Disorders 28(4): 362-370 (1963).

Zimmer, J.M. and Cowles, K.H.: Content Analysis using FORTRAN. Journal of Counseling Psychology 19(2): 161-166 (1972).

ANHANG A

Die Transkription von Gesprächen

Eine Zusammenstellung von Regeln

Inhaltsverzeichnis

inleitung

ie nachfolgende Zusammenstellung von Regeln für die Transkription on Gesprächen orientiert sich an drei Gesichtspunkten:

1. Leichte Lesbarkeit der erstellten Transkripte.
2. Möglichst geringer Aufwand bei der Transkription.
3. Computerverträglichkeit der Transkripte.

lle drei Forderungen ließen sich nur durch Kompromisse erfüllen. ies betrifft insbesondere die mögliche Verwendung der Transkripte ür wissenschaftliche Untersuchungen. Eine Orientierung fand hierzu n den Fragestellungen statt, wie sie bei der Erforschung psychoherapeutischer Texte auftreten. Spezielle linguistische Probleme, twa die Erforschung von Intonationsphänomenen, lassen sich hiermit icht bearbeiten.

nter forschungsökonomischen Gesichtspunkten war es notwendig, das egelwerk so zu gestalten, daß Schreibkräfte bereits im ersten urchgang qualitativ hochwertige Transkripte erstellen und auch egebenenfalls den zweiten Arbeitsschritt des Korrekturhörens bernehmen können. Angesichts der knappen Resourcen an wissenchaftlichem Personal kommt diesem Gesichtspunkt besondere Bedeuung zu.

ie Computerverträglichkeit schließlich sollte sicherstellen, daß ie Weiterverarbeitung der Transkripte keine allzu großen Softwarerobleme aufwirft. Es wurde deshalb, um ein Beispiel zu nennen, auf ie teilweise übliche Partiturschreibweise verzichtet. Dennoch ist s möglich, die erfaßten Phänomene im Nachhinein, etwa durch speielle Druckprogramme, in partiturartige Druckbilder umzusetzen.

a die ULMER TEXTBANK einen großen Anteil ihrer Texte von Institutionen außerhalb Ulms bezieht, die zumeist über keinen Computer erfügen, wurde das Verfahren zur Datenübertragung auf maschinenesbaren Belegen weiterhin als fester Bestandteil in die Regeln mit inbezogen. Darüber hinaus besteht aber die Möglichkeit, die techologischen Fortschritte der jüngsten Zeit in Anspruch zu nehmen nd über Mikrocomputer oder Textverarbeitungssysteme die Transkripion on-line mit der entsprechenden Unterstützung, etwa zur chreibfehlerkorrektur, durchzuführen. Diese Entwicklung wird zuünftig verstärkt verfolgt werden, indem die ULMER TEXTBANK mobile exterfassungsstationen einzusetzen plant.

A Allgemeine Hinweise

In das Transkript werden alle auf der Tonaufzeichnung hörbaren Zeichen aufgenommen. Im einzelnen sind dies die verbalen, die paraverbalen und die nicht-verbalen sprachlichen Äußerungen der beteiligten Sprecher sowie die situationsgebundenen Geräusche.

1. Verbale Äußerungen

Hierunter fallen alle ganz oder teilweise ausgesprochenen Wörter. Sie werden in literarischer Umschrift wiedergegeben, die sich an der Schreibweise der Schriftsprache orientiert, jedoch nur die tatsächlich hörbaren Laute berücksichtigt. Dialekt wird in der entsprechenden hochsprachlichen Form transkribiert (siehe aber Regel B 4). Hier einige Beispiele:

is, hab, hab's, ne, gschafft

2. Paraverbale Äußerungen

Dazu zählen alle Laute oder Lautfolgen, die meist für sich allein, also in keinem Satzgefüge geäußert werden und als Pausenfüller, als Ausdruck des Zweifelns, Bestätigens, der Unsicherheit, des Nachdenkens usw. dienen. Sie werden wie Sätze behandelt und ebenfalls in literarischer Umschrift festgehalten. Hier einige Beispiele:

hm, äh, ui, s, f

3. Nicht verbale Äußerungen

Hierzu gehören alle sonstigen geräuschvollen Sprecherhandlungen. Sie werden als Kommentar an der Stelle ihres Auftretens in das Transkript aufgenommen.

(hustet heftig), (lacht), (sto$hnt)

4. Situationsgebundene Geräusche

Sie entstehen durch die Umwelt und gehören mit zur Sprechsituation. Sie werden mit Hilfe von Kommentaren festgehalten. Hier einige Beispiele:

(Telefon klingelt), (Flugla$rm)

Kennzeichnung der Gesprächseinheiten

Zur Kennzeichnung weiterer Gesprächsbesonderheiten werden Sonderzeichen eingeführt und in den Text eingefügt. Mit ihnen kann die Hervorhebung besonderer Redeteile, die Kennzeichung von Zitaten sowie der Wechsel in der Sprechweise vermerkt werden. Eine weitere Gruppe von Zeichen, die Satzzeichen, werden verwendet um den Rhythmus der Rede zu markieren. Nachfolgend wird die Verwendung der Zeichen im einzelnen erläutert.

1. Hervorhebung und Dehnung

Wortformen, die vom Sprecher durch deutliche Betonung hervorgehoben sind (Emphase), werden durch ein nachgestelltes Ausrufezeichen (s.S.13 Sonderzeichen) gekennzeichnet. Dehnt der Sprecher eine Wortform auffällig, dann wird ein Doppelpunkt nachgestellt. Hier ein Textausschnitt mit je einer Dehnung und einer Betonung:

```
------------------------
also: wenn Sie das! tun
------------------------
```

2. Namen

Eigennamen, Städtenamen und Landschaftsbezeichnungen werden durch Ersatznamen (Pseudonyme) ersetzt und mit einem vorangestellten Stern gekennzeichnet. Innerhalb eines Textes sollten immer dieselben Pseudonyme verwendet werden.

```
----------------------------------------
gestern meinte *Paul, das$ Herr *von-Tor
----------------------------------------
```

3. Zitate

Wörtliche Reden und Zitate werden zur Abgrenzung der vom Sprecher sonst hervorgebrachten Redeteile in Hochkommata eingeschlossen.

```
-------------------------------------------
da schrie er 'las$ mich in Ruh' oder so was
-------------------------------------------
```

4. Sprachwechsel

Wechselt ein Sprecher für wenige Wörter seine Sprache von seiner gewohnten und für ihn üblichen (habituellen) in eine andere, dann werden diese in Anführungszeichen eingeschlossen und in literarischer Umschrift wiedergegeben. Mit einem nachgestellten Kommentar kann die Variante näher bezeichnet werden.

```
-----------------------------------------------------------
dieses ewige "Gschnader" (schwa$bisch) ha$ngt mir
-----------------------------------------------------------
```

5. Satzzeichen

Sie werden bei allen rhythmischen und syntaktischen Einschni ten des Redeverlaufs entsprechend dem Tonhöhenverlauf gesetz In Satzzeichen eingeschlossene Redeteile werden Kadenzen genannt. Folgende Zeichen finden Verwendung:

- ? steigende/hoch endende Kadenz
- = schwebende/in mittlerer Lage endende Kadenz
- , fallende/halbtief oder
- . auf dem Grundton endende Kadenz
- ; nicht zu Ende gesprochene Kadenz

Während die Bedeutung der Zeichen . und , damit weitgehend d Gebrauch in der Schriftsprache entsprechen, wird für das Zeichen ? hier eine abweichende Gebrauchsweise vereinbart, indem es ausschließlich für die Stimmhebung verwendet wird. Dies stimmt nicht immer mit der von der Schriftsprache her gebräuchlichen Verwendung dieses Zeichens zur Markierung von Fragen überein.

Satzzeichen werden also überall dort gesetzt, wo aufgrund eines Innehaltens, einer Pause oder eines Tonhöhensprungs od -umschwungs eine Kadenz erkannt wird.

Die Satzzeichen werden dem vorausgehenden Wort unmittelbar angehängt. Danach wird eine Leerstelle eingefügt. In dem nachfolgenden Textausschnitt fängt der Sprecher zunächst ein Satz mit "Sie sagten" an. Dann bricht er jedoch ab und begin einen neuen Satz mit "wissen Sie":

```
-----------------------------------------------------
nein= nein. oder doch? Sie sagten; wissen Sie,
-----------------------------------------------------
```

6. Gleichzeitigkeit

Reden zwei Sprecher gleichzeitig, dann wird dies im Transkri ebenfalls vermerkt. Da die Gleichzeitigkeit in der Schriftfo insbesondere im Hinblick auf computerunterstützte Auswertungs methoden nur hintereinander zum Ausdruck gebracht werden kann wird zunächst beim ersten Sprecher der Beginn der Gleichzeitigkeit durch ein vorangestelltes Pluszeichen markiert und mi dessen Redebeitrag solange fortgefahren, bis die Gleichzeitig keit beendet ist. Hier wird ein Sprecherwechsel notiert und der Redebeitrag des zweiten Sprechers bis zum Ende der Gleich zeitigkeit transkribiert. Der Abschluß erfolgt mit einem nachgestellten Pluszeichen. Behält der zweite Sprecher das Wort, so wird die Transkription ohne Sprecherwechsel weiterge führt. Im anderen Falle wird mit dem Redebeitrag des ersten

Sprechers nach der Gleichzeitigkeit fortgefahren. Diese Markierung erfolgt immer auf Wortgrenze, auch wenn die Gleichzeitigkeit nur auf Wortteile beschränkt ist. Im folgenden Beispiel wird "A/" und "P/" als Sprecherkennung verwendet:

```
----------------------------------------
P/ ich habe da eine +Venenentzu$ndung
A/ ja= ja.+  das sagten Sie schon mal
----------------------------------------
```

7. Wortabbrüche

Ein nicht zu Ende gesprochenes Wort, sei es durch den Sprecher selbst oder durch das Dazwischenreden eines anderen Gesprächsteilnehmers verursacht, wird durch einen unmittelbar vor- oder nachgestellten Bindestrich gekennzeichnet. Hier ein Textausschnitt:

```
----------------------------------------
merkwu$- ich hab das Gefu$hl, -fu$hl
----------------------------------------
```

8. Unverständliche Redeteile

Für jedes unverständliche Wort wird ein Schrägstrich in das Transkript aufgenommen. Sind mehrere Wörter unverständlich, dann werden so viele Schrägstriche - jeweils durch eine Leerstelle getrennt - aufgenommen, wie Wörter ausgemacht werden können. Hier ein Textausschnitt:

```
----------------------------------
da habe ich / / / wie es / sein
----------------------------------
```

Anstatt der Markierung der unverständlichen Redeteile kann der Transkribent den von ihm vermuteten Wortlaut (Emendation) in ein doppeltes Klammernpaar einfügen. Beispiel:

```
---------------------------------
gestern ((vormittag)) habe ich
---------------------------------
```

9. Pausen

Sprechpausen werden mit einem oder mehreren aufeinanderfolgenden Bindestrichen gekennzeichnet. Die Anzahl der Bindestriche ist abhängig von der Dauer der Pause und kann aus folgender Tabelle entnommen werden.

Dauer der Pause	Anzahl Bindestriche		Zuwachs/Strich
2 sec	1	-	2 sec
5 sec	2	--	3 sec
10 sec	3	---	5 sec
15 sec	4	----	5 sec
ab hier Stoppuhr verwenden			
30 sec	5	-----	15 sec
1 min	6	------	30 sec
2 min	7	-------	1 min
5 min	8	--------	3 min
10 min	9	---------	5 min
15 min	10	----------	5 min
30 min	11	-----------	15 min
mehr	12	------------	

Aus der Tabelle geht hervor, daß Pausen unter 2 Sekunden nich vermerkt werden. Für ein praktisches Vorgehen empfiehlt es sich, zunächst bis zu einer Dauer von 15 Sekunden den Zuwachs durch Zählen, wie z. B. "21,22,23" für 3 Sekunden, abzuschät- zen und danach den nächsten Bindestrich zu setzen. Dauert ein Pause länger, so empfiehlt sich der Gebrauch einer Stoppuhr.

Allgemein ist zu beachten, daß der nächste Bindestrich erst gesetzt wird, wenn die nächste Grenze erreicht ist, das Gespräch also während der vollen Dauer des jeweiligen Zuwachses nicht fortgesetzt wurde. Als Beispiel folgt ein Textausschnitt:

```
-----------------------------
 ich weis$ nicht, ---  heute
-----------------------------
```

Pausen werden grundsätzlich bei dem Gesprächsteilnehmer notiert, der zuletzt gesprochen hat. Dies gilt insbesondere dann, wenn nach der Pause ein anderer Sprecher fortfährt.

10. Zeitangaben

Um die seit Beginn eines Gesprächs verflossene Zeit zu kennzeichnen, wird die Form des Kommentars gewählt. Als Kennzeich nung wird nach der öffnenden Klammer ein Pluszeichen eingefügt. Damit läßt sich die relative Zeit zum Gesprächsbeginn notieren. Minuten werden durch ein der Zahl nachgestelltes Hochkomma, Sekunden durch ein Anführungszeichen gekennzeichnet. Hier ein Beispiel:

```
----------
(+3'10")
----------
```

11. Interjektionen

In der gesprochenen Sprache bilden Interjektionen meist selbständige Kadenzen. In Verbindung mit den Satzzeichen können die jeweiligen Bedeutungsunterschiede bei deren Gebrauch festgehalten werden. Als Beispiel dienen die in folgender Tabelle aufgeführten Varianten für das Partikel "hm".

Verwendung		Bedeutungen
hm	hmhm	Bestätigung
hm?		Frage
hm=	hmhm=	Zögern
hm,	hmhm,	Verwunderung
hm.	hmhm.	Ratlosigkeit
	hmhm-	Verneinung

12. Mehrdeutigkeit

Im Hinblick auf computerunterstützte Auswertungen kann es nützlich sein, mehrdeutige Wortformen durch entsprechende Markierungen eindeutig werden zu lassen. Hierzu können einer beliebigen Wortform hinter einem nachgestellten Schrägstrich beliebige Zahlen oder weitere Wortformen angehängt werden. Mit den Zahlen werden Bedeutungsvarianten einer Wortform gekennzeichnet. Mit den nachgestellten Wortformen können beim Gebrauch der Pronomina die Referenten genannt werden. Als Hilfsmittel kann das Basiswörterbuch verwendet werden. Beispiele:

```
-------------------------------
Bank/2, wir/Gruppe, dort/Ulm
-------------------------------
```

13. Kommentar

Neben den bis hierher vereinbarten festen Kommentaren können beliebige freie Kommentare verwendet werden. Sie werden in runde Klammern eingeschlossen und können alle Zeichenfolgen enthalten, die nicht durch die oben vorgegebenen Anwendungsfälle verbraucht sind.

14. Worttrennung am Zeilenende

Zur Trennung einer Wortform am Zeilenende wird dem ersten Wortteil ein Prozentzeichen nachgestellt und in der nächsten Zeile mit dem zweiten Wortteil fortgefahren. Die Worttrennung braucht nicht den üblichen Regeln der Silbentrennung zu entsprechen. Als Beispiel hier ein Textausschnitt:

```
--------------------------
die Zeiten fu$r den Lad%
enschlus$ haben sich nun
--------------------------
```

15. Diskontinuierliche Formen

Besitzen zwei Wortformen denselben Wortstamm, jedoch unterschiedliche Vor- bzw. Nachsilben, so wird in der gesprochene Sprache häufig bei dem einen Wort der Wortstamm weggelassen, wenn beide Wortformen mit einer Konjunktion verknüpft werden In diesem Fall wird der weggelassene Wortstamm durch einen angehängten Gedankenstrich angedeutet. Diese Regelung gilt auch für weggelassene Vor- oder Nachsilben. Hier zwei Beispi le:

An- und Abflug, Hauptfrage und -antwort

---

16. Auslassungen

Das in der Schriftsprache gebräuchliche Auslassungszeichen wird bei Transkripten gesprochener Sprache entsprechend der literarischen Umschrift nur dann verwendet, wenn zwei verschiedene Wortformen zu einem Laut zusammengezogen sind. Es wird also nur verwendet, wenn es zwischen zwei Buchstaben eingeschlossen ist. Nach einem unmittelbar vorauslaufenden Leerzeichen muß es entfallen. Beispiele:

---

hat's, so'n <u>aber</u> so ne, s geht

---

17. Umlaute und ß

Sofern auf der verwendeten Tastatur nicht vorhanden, gilt folgende Regelung: Das sogenannte "scharfe s" oder "ß" wird wie s$ verschriftet. Umlaute wie a$, o$, und u$. Beispiel:

---

ich weis$, das$ bei scho$n Wetter

---

18. Klein- und Großschreibung

Außer Substantiven, Eigennamen und der Anrede werden alle Wortformen kleingeschrieben. Dies gilt auch für den Satzanfang.

19. Abkürzungen

In der gesprochenen Sprache gibt es, im Gegensatz zur Schrif sprache, keine Abkürzungen. Entsprechend werden auch solche Wortformen, die üblicherweise Abkürzungen sind, wie gesprochen, aufgeschrieben. Beispiele:

---

hier beziehungsweise dort zum Beispiel

---

0. Stottern

Gestotterte Wörter werden wie nicht voll ausgesprochene Wörter behandelt, d.h. die gestotterten Wortpartikel werden mit einem nachgestellten Bindestrich gekennzeichnet, durch eine Leerstelle voneinander abgesetzt und so oft wiederholt, wie sie hörbar sind. Hier ein Textausschnitt als Beispiel:

---

ich ha- ha- hab's doch gleich gesagt

---

1. Zahlen, Brüche etc.

Zahlen, Brüche etc. werden nach Möglichkeit ausgeschrieben. Lediglich typische Zahlen werden als Ziffernfolge verschriftet. Beispiele:

---

elf, zwei Drittel, 1981, James Bond 007, erstens

---

2. Wortschöpfungen

Werden neue Wörter durch das Zusammenfassen mehrerer einzelner Wörter gebildet, so werden sie mit einem Bindestrich verbunden. Beispiele:

---

das In-der-Welt-Sein, schwarz-weis$

---

3. Fehlleistungen

Versprecher und andere Fehlleistungen werden möglichst wortgetreu in das Transkript übernommen. Beispiele:

---

allergerisch, Definieres äh Definiertes

---

4. Allgemeines

Treffen mehrere Regeln gleichzeitig zu, dann sollte im Interesse der Lesbarkeit der Transkripte versucht werden, mit der Anwendung nur einer Regel auszukommen. Darüber hinaus gelten die Rechtschreibregeln nach DUDEN.

C Transkriptionsstandard

Zur Transkription von Gesprächen sollten grundsätzlich drei Durchgänge vorgesehen werden, nach deren Abschluß alle Regeln a den Teilen A und B Anwendung gefunden haben.

Im ersten Durchgang, der eigentlichen Transkription, wird das "Rohtranskript" auf maschinenlesbaren Belegen oder on-line an d Mikrocomputersystem TELECOMP erstellt. Dabei bleiben die Regeln B2, B10 und B12 ohne Beachtung. Diese erste Fassung des Transkripts wird dem Aufnahmemodul des Textbanksystems zugeführt. Dieser erstellt daraus eine erste Arbeitsfassung und druckt sie in aufbereiteter Form aus.

In einem zweiten Durchgang, dem Kontrollhören, werden auf der ausgedruckten ersten Arbeitsfassung alle Änderungen und Korrekt ren handschriftlich vorgenommen. Danach wird das gesamte Gesprä noch einmal ganz abgehört und dabei die Regel B10 zur Markierun der Zeit in Fünf-Minuten-Abständen angewendet. Änderungen und Zeitangaben werden schließlich mit Hilfe eines Korrekturprogrammes direkt in der Textbank vorgenommen.

Der dritte Arbeitsschritt betrifft die Anwendung der Regel B12. Zugrunde liegt eine zweite Arbeitsfassung, die bereits vom Textbanksystem automatisch vorgenommene Zuordnungen gemäß der Mehrdeutigkeitsregel enthält. Über ein interaktives Programm können diese Kodierungen am Bildschirm überprüft und gegebenenfalls geändert werden.

Ein Transkript durchläuft also entsprechend dieser Dreiteilung mehrere Stufen die im folgenden unterschiedlichen Transkription niveaus zugeordnet werden.

Niveau	Beschreibung
0	Es wurden andere oder nur ein Teil der Regeln beachtet.
1	Außer den Regeln B2 für Namen, B10 für Zeitangaben und B12 zur Auflösung von Mehrdeutigkeiten wurden alle Regeln beachtet.
2	Es wurden alle Regeln außer B12 zur Auflösung von Mehrdeutigkeiten streng beachtet.
3	Alle Regeln wurden beachtet.
V	Bei der Transkription wurden nicht alle Regeln beachtet. Es wird jedoch auf dem Begleitzettel festgehalten, welche Regeln n i c h t verwendet wurden.

Um den Transkriptionsstandard festhalten zu können aber auch fü Rückfragen o. ä., wird für jedes zu transkribierende Gespräch e Begleitzettel geführt. Er enthält unter anderem Angaben zu folgenden Punkten:

Name des Transkribenten
Dauer der Transkription
Datum der Transkription
Niveau des Transkripts

Name des Korrekteurs
Dauer der Korrektur
Datum der Korrektur
Niveau des Transkripts

Dauer des Gesprächs

D Druckaufbereitung der Transkripte

Transkripte, die auf elektronischen Datenträgern vorliegen und nach den in Teil A und B festgelegten Transkriptionsregeln erstellt sind, können mit dem Programm LAYOUT (siehe Mergenthaler und Stöcklein 1981) aufbereitet und ausgedruckt werden. Das Druckbild eines Textes kann vielfältig variiert und durch eine Seiten-, Zeilen- und Äußerungsnumerierung ergänzt werden. Das Druckprogramm nimmt im Hinblick auf eine bessere Lesbarkeit eine Reihe von Änderungen bei der Druckaufbereitung am Transkript vor. Im einzelnen betrifft dies folgende Regeln:

B1: Die bei der Transkription nachgestellten Zeichen zur Hervorhebung und Dehnung werden in der Druckform den betreffenden Wortformen vorangestellt.

```
------------------------
 :also wenn Sie !das tun
------------------------
```

Alternativ ist es möglich, die hervorgehobenen Wortformen im Fettdruck und die gedehnten Wortformen gesperrt wiederzugeben.

B8: Der in ein doppeltes Paar runder Klammern eingeschlossene vermutete Wortlaut wird in einfache eckige Klammern eingeschlossen.

```
-----------------------------
 gestern <vormittag> habe ich
-----------------------------
```

B12: Die über einen Schrägstrich an eine Wortform angehängte Auflösung einer Mehrdeutigkeit kann wahlweise beim Ausdruck unterdrückt werden.

```
----------------
 Bank, wir, dort
----------------
```

B18: Nach dem Satzzeichen Punkt wird der erste Buchstabe der nachfolgenden Wortform groß geschrieben.

```
---------------------------
 nein= nein. Oder doch? aber
---------------------------
```

E Hinweise zum Schreiben von Texten

1. Das Erstellen maschinenlesbarer Belege

Belegqualität	holzfreies dichtes Schreibmaschinenpapier, es darf nicht geknickt oder beschmutzt werden.
Belegformat	DIN A4 hoch, allseitiger Rand 2 cm
Zeilenabstand	ein-, eineinhalb- oder zweizeilig
Spaltenzahl	bis zu 80 je nach Schrifttyp
Farbband	Plastic-Kontrastband wird empfohlen
Schrifttyp	COURIER 10 Groß/Kleinschreibung Weitere lesbare Schriften: OCR-B, PICA, PRESTIGE ELITE, LETTER GOTHIC, COURIER 12
Zeichenvorrat	Ziffern: 0123456789 Buchstaben: abcdefghijklmnopqrstuvwxyz ABCDEFGHIJKLMNOPQRSTUVWXYZ Umlaute: äöüß ÄÖÜß Sonderzeichen: /§$%!&()?:='+",.-_*# **Anmerkung**: Sofern auf einer Tastatur die Null nicht vorhanden ist, kann stattdessen der Buchstabe O verwendet werden.
Schriftqualität	Die einzelnen Schriftzeichen müssen kräftig und gleichmäßig gefärbt sein. Ist dies über Anschlags- und Aufschlagstärkeregler nicht erreichbar, muß die Schreibmaschine justiert werden.
Korrekturen	Einzelne Zeichen können mit der Korrekturtaste, mit dünn aufgetragenem flüssigem Tipp-Ex oder mit dem **Löschzeichen #** (Nummernkreuz) korrigiert werden. Erscheint ein solches Löschzeichen in der Vorlage, unterdrückt der Blattleser das unmittelbar davor liegende Zeichen. Zwei aufeinanderfolgende Löschzeichen bewirken, daß der Blattleser das davorstehende Wort unterdrückt; bei drei aufeinanderfolgenden Löschzeichen entfällt die **ganze** Zeile, egal, an welcher Stelle der Zeile das Zeichen steht.
Kennung der Belege	Jeder Beleg und sein Inhalt wird in der

ersten Zeile durch eine 14-stellige Numme
gekennzeichnet. Sie muß in Spalte 1 begin
nen und sollte keine Korrekturen enthalte

Die Kennummer setzt sich aus fünf einzeln
Angaben zusammen, deren Bedeutung nachfol
gend erläutert wird.

ANR	PNR	ART	SNR	BNR

ANR: dreistellig
Nummer für Therapeut, Interviewer, Versuchsleiter o. ä.; wird zentral von der ULMER TEXTBANK vergeben.

PNR: dreistellig
Nummer für Patienten, Klienten, Versuchspersonen, Gruppen o. ä.: wird zentral von der ULMER TEXTBANK vergeben.

ART: zweistellig
Textart gemäß nachfolgender Tabelle:

01 Beratung (D)
02 Kurztherapie (D)
03 analytische Psychotherapie (D)
04 Psychoanalyse (D)
05 Paartherapie (G)
06 Familientherapie (G)
07 Gruppentherapie (G)
08 Supportive Psychotherapie (D)
09 Gruppenarbeit (G)
10 Gesprächstherapie (D)
11 Verhaltenstherapie (D)
12 Erstinerview - Diagnostik (D)
13 Erstinterviewbericht (M)
14 Bericht über Psychotherapiestunde (M)
15 Bericht über Psychoanalysestunde (M)
16 Vorträge allgemein (M)
17 Berichte allgemein (M)
18 Balintgruppe (G)
19 Selbsterfahrungsgruppe (G)
20 Träume (D)
21 Unterricht (G)
22 Psychodiagnostik (D)
23 Katamnestisches Interview (D)
24 TAT (D)
25 Sprachprobe (D)
26 Genetische Beratung (G)
27 WAT (Wort-Assoziations-Test) (D)
28 HIT (HOLZMANN-INKBLOT-TEST) (D)
29 Erfahrungsbericht (M)
30 Wissenschaftliche Abhandlung (M)
31 Visitengespräch (G)
32 Kognitive Verhaltenstherapie (D)

33 Supervision (D)
34 Psychiatrische Behandlung (D)
35 Soziologisches Interview (G)
36 Familien-Interview (G)
99 Sonstiges

Die Buchstaben in Klammern bedeuten:

(M) = Monolog - ohne Sprecherkennung
(D) = Dialog - Sprechererkennung $A und $P bzw. A/ und P/
(G) = Gruppengespräch - Sprecherkennung $A1, $A2, ...$P1, $P2, ... bzw. A1/, A2/, ... bzw. P1/, P2/, ...

SNR: vierstellig
Nummer für Stunden oder sonstige Texteinheiten.

BNR: zweistellig
Nummer des Beleges; dient der Kennzeichnung einer Textabfolge.

Sprecherkennung

Bei Dialogen werden die einzelnen Sprecher vor Beginn ihres Redebeitrages gekennzeichnet. Mit der Kennung A wird auf die über ANR näher bezeichnete Person, also beispielsweise den Therapeuten und über P auf die über PNR näher bezeichnete Person, also beispielsweise den Patienten hingewiesen. Es sind zwei mögliche Schreibweisen erlaubt: A/ oder $A bzw. P/ oder $P. Bei Verwendung des Schrägstrichs muß für die Sprecherkennung mit einer neuen Zeile begonnen werden. Bei Verwendung des Dollarzeichens kann der Sprecherwechsel an jeder beliebigen Stelle einer Zeile festgehalten werden. Allerdings muß in diesem Fall dem Kennbuchstaben A bzw. P eine Leerstelle folgen. Eine gemischte Verwendung ist möglich. Beispiel:

P/letzte Woche war ich aber darüber nicht wütend, hab ich das nicht so gemerkt. $A hmhm $P da ist wahrscheinlich alles...

Bei Gruppengesprächen müssen zur weiteren Unterscheidung einzelner Sprecher bis zu zwei Ziffern unmittelbar an die Kennbuchstaben angefügt werden (z.B. A1/ oder P16/ bzw. $A1 oder $P16). Der Sprecherkennung muß eine Leerstelle folgen. Es ist zu beachten, daß bei einem Gruppengespräch immer eine Nummer angegeben werden muß, auch wenn mit der Kennung A oder P nur ein Sprecher beteiligt ist.

Bei Familien- und Gruppengesprächen emp-

	fiehlt es sich, zu Beginn eines jeden Gespräches als Kommentar eine kurze Erläu terung der Sprecherzuordnungen einzufügen Beispiel: (P1=Vater, P2=Mutter, P3=ältere Tochter, P4=jüngere Tochter, P5=Sohn ...)
Fortsetzungsseite	Die einzelnen Belege eines zusammenhängen den Textes werden über die Blattnummer BN fortlaufend numeriert. Bei Dialogen oder Gruppengesprächen ist zu beachten, daß di erste Textzeile (d.h. die zweite Zeile de Beleges) mit einer Sprecherkennung beginn muß. Ist die Äußerung eines Sprechers am Ende eines Beleges nicht beendet, dann ka auf dem nächsten Beleg fortgesetzt werden wobei die Sprecherkennung wiederholt wird
Belegverarbeitung	Da jeder Beleg durch seine Kennummer eindeutig identifiziert werden kann, ist für die richtige weitere Verarbeitung keine Sortierung nötig.
Fehlerhafte Belege	Belege mit Fehlern in der Kennziffer oder einer Sprecherkennung werden mit einem entsprechenden Fehlerhinweis ausgesteuert und können nach entsprechenden Korrekture nochmals eingelesen werden.
Musterbeleg	Ein Musterbeleg befindet sich im Anhang.

2. Transkription an Textverarbeitungssystemen

Der Einsatz von Textverarbeitungssystemen zur Transkription von Gesprächen kann insbesondere bei schwierigen Textsorten, wie etwa Familien- oder Gruppengesprächen vorteilhaft sein. Die ULMER TEXTBANK unterstützt die Texterfassung auf diesem Wege, wobei dieselben Regeln wie bei der Transkription über Belege mit zwei Einschränkungen gelten. Zum einen ist die "Blattkennung" nur einmal zu Beginn des Textes mit der Blatt nummer 1 anzugeben. Danach kann das Gespräch bis zum Ende fortlaufend transkribiert werden. Zum anderen kommt als alle erste Zeile eine Angabe über das verwendete Textverarbeitung system hinzu. Folgende Systeme werden bisher unterstützt:

Bezeichnung	**Kennung**
Telecomp	PC52
Ericsson UTX 8001	PCUTX
Siemens PC	PCMX

Weitere Systeme werden bei Bedarf unterstützt. Das folgende

Beispiel zeigt den Beginn einer mit Hilfe eines Textverarbeitungssystems erstellten Datei:

```
PC52
00125304062501
A/bitte schön,
P/guten Morgen Herr Professor, (Schritte, Türenschließen) ----
(hustet) na ich bin vorerst noch bißchen atemlos ich bin, ger%
annt
A/hm
...
```

Übersicht zur Verwendung der Zeichen

Zeichen	Verwendung	Beschreibung	Seite
?	Satzzeichen	B 5	4
	Interjektion	B 11	7
=	Satzzeichen	B 5	4
	Interjektion	B 11	7
,	Satzzeichen	B 5	4
	Interjektion	B 11	7
.	Satzzeichen	B 5	4
	Interjektion	B 11	7
;	Satzzeichen	B 5	4
/	Unverständliche Wortform	B 8	5
	Mehrdeutigkeit	B 12	7
*	Ersatznamen	B 2	3
-	Wortabbrüche	B 7	5
	Zeitintervalle bei Pausen	B 9	6
	Diskontinuierliche Formen	B 15	8
	Stottern	B 20	9
	Wortschöpfungen	B 22	9
( )	Kommentare	B 13	7
	Nicht verbale Äußerungen	A 3	2
	Situationsgebunde Geräusche	A 4	2
	Zeitangaben	B 10	6
(( ))	Vermuteter Wortlaut	B 8	5
'	Zitate	B 3	3
	Minuten (bei Zeitangaben)	B 10	6

Tabelle wird fortgesetzt

"	Sprachwechsel	B 4	3
	Sekunden (bei Zeitangaben)	B 10	6
+	Gleichzeitigkeit	B 6	4
	Zeitangaben	B 10	6
:	Dehnung	B 1	3
!	Hervorhebung	B 1	3
< >	Vermuteter Wortlaut (nur in der Druckform)	D	12
%	Worttrennung am Zeilenende	B 14	7
&	für Umlaute	B 17	13
#	Löschzeichen	E	13
_	Unterstreichstrich bei Namen	B2	3
$	für Sprecherkennung	E	15

inweise für die praktische Arbeit - Knifflige Fälle und Beipiele zur Transkriptionspraxis

llgemeine Hinweise in loser Reihenfolge

enn P spricht und A hustet gleichzeitig, dann keinen Sprecherechsel markieren, aber Kommentar **(A hustet)** einfügen.

enn P spricht und dabei lacht, nicht **(P lacht)**, sondern nur - **lacht)**.

enn sich ein Sprecher während der Pause räuspert, wird es am Ende n einem Kommentar vermerkt. Beispiel:

(P oder T räuspert sich kurz während der Pause).

ei neuen Wortschöpfungen mit Bindestrich, erstes und letztes Wort roß schreiben (s. Regel 42 im Duden). Beispiel:

In-der-Welt-Sein

ei Kommentar zu Geräuschen ggf. über zeitliche Dauer Angabe mahen, z. B. (durchgehend Kindergeschrei), (Staubsaugergeräusch nfang), (Staubsaugergeräusch Ende).

ei Gleichzeitigkeit Ende nicht vergessen zu markieren.

nicht" im Sinne von "nicht wahr" immer mit vorangestelltem Komma und nachfolgendem Fragezeichen abgrenzen. In diesem Fall ist das **nicht** eine Interjektion. Beispiel:

Natürlich kamen die Kinder, nicht?
Natürlich, nicht? die tun ja alles für die Kinder.

oder" im Sinne von "oder nicht" ebenfalls mit Komma und Fragezeichen abgrenzen. Beispiel:

Glauben Sie daß schlechtes Wetter kommt, oder? was meinen Sie?

eispiele für Wort- und Satzabbruch:

... daß der Affekt anhä- angehalten hat=
... wo ihr Mann wegge- ihr Mann weggegangen ist.
... das habe ich vor- äh -gezogen.

ier liegt kein Satzabbruch vor, sondern eine Selbstkorrektur.

... ihren Mann bestraft ... dadurch daß sie ihn; eh,

sie weggeht von ihm=
... also die Hilflosigkeit war der; das Motiv ...

Hier liegt eine Bedeutungsvariante vor, so daß ein Satzabbruch markiert werden muß.

P/wenn ich meinen Sohn auf's Gymnasium schicke und
A/hmhm
P/ich meine eben ...

Bei Satzabbruch durch Dazwischenreden wird kein Satzabbruch markiert.

Beispiele für Zitate

... ich habe ihm gesagt 'das darfst Du auf keinen Fa so machen.'

... wenn sich da manchmal so ein schlechtes Gewissen hinterher schleicht so derart 'ja= du wirst dich doch ho- wohl hoffentlich nicht freuen - daß dei Bruder jetzt tot ist.'

... wenn irgendwie Bekannte sagen 'bei Euch wär's jetzt auch mal Zeit mit einem Kind,' oder so=

aber

... da kam mir der Gedanke, das mußt du tun.
... und dann haben Sie gesagt, glaub ich, Sie verste hen das nicht eh ganz richtig.

Beispiele zur literarischen Umschrift

... geben'S mir, tun'S warn'S
... überhaupt'n Wunder
... vor'n paar Tagen, über'n Mund fahren

Eine Textstelle wird immer dann als Zitat markiert, wenn sie gena so gesprochen worden sein könnte. Bei den letzten beiden Beispiel muß angenommen werden, daß "das muß ich tun" bzw. "ich verstehe d nicht" geäußert worden war.

Wenn mitten im Satz das Behandlungsgespräch beendet ist, bitte vermerken: **(Ende der Tonaufnahme)**

Anhang B

AUSLEIHBEDINGUNGEN

der

ULMER TEXTBANK

Die ULMER TEXTBANK* stellt für wissenschaftliche Zwecke leihweise Ton- und Videoaufzeichnungen, Berichte und Transkripte psychotherapeutischer Gespräche zur Verfügung. Voraussetzung ist ein schriftlicher Antrag der eine Kurzfassung des geplanten Vorhabens, seine zeitliche Realisierung und die institutionelle Einbindung umfassen soll. In der Regel wird zur Klärung weiterer Fragen und zur Auswahl des Materials ein persönlicher Besuch in Ulm angeregt.

Die Überlassung von Ton/Videoaufzeichnungen und von Texten beschränkt sich ausschließlich auf die Person des Ausleihers. Das zur Verfügung gestellte Material darf weder an Dritte übergeben noch solchen vorgespielt werden. Ist zur Erfüllung des wissenschaftlichen Ziels die Beteiligung weiterer Personen nicht zu umgehen, so sind diese der ULMER TEXTBANK vorher namentlich bekannt zu machen. Die ULMER TEXTBANK behält sich die Möglichkeit der Ablehnung einzelner Personen vor.

Von den Ton/Videoaufnamen dürfen weder ganz noch teilweise Kopien gefertigt werden. Davon kann nur in Ausnahmefällen und nach vorheriger schriftlicher Einwilligung durch die ULMER TEXTBANK abgewichen werden.

Die Nutzung der Ton/Videoaufnahmen schließt die Erlaubnis zum Anfertigen eines Transkriptes mit ein, sofern dies ebenfalls ausschließlich wissenschaftlichen Zwecken dient. Nach der Fertigstellung des Arbeitstranskriptes in seiner endgültigen Form sind alle vorherigen Fassungen zu vernichten und gleichzeitig ist der ULMER TEXTBANK eine Mehrfertigung des Arbeitstranskripts zuzustellen.

Die Transkription mit Hilfe elektronischer Einrichtungen wie Textautomaten, Mikrocomputer oder an Großrechner angeschlossenen Datensichtgeräten bedarf einer besonderen Vereinbarung.

Die Überlassenen Texte sowie die vom Ausleiher erstellten Arbeitstranskripte dürfen als Ganzes weder kopiert oder vervielfältigt noch auf elektronische Datenträger übernommen werden. Eine auszugsweise Kopie oder der auszugsweise Abdruck ist nach vorheriger Einsichtnahme mit schriftlichem Einverständnis der ULMER TEXTBANK möglich.

Nach Abschluß der Arbeiten ist das überlassene Material vollständig an die ULMER TEXTBANK zurückzugeben. Es wird danach unter der Ausleihnummer in Ulm archiviert. Ein erneutes Ausleihen des Materials zu einem späteren Zeitpunkt ist unter Bezugnahme auf die Ausleihnummer jederzeit möglich.

Die ULMER TEXTBANK erhält kostenfrei jeweils ein Exemplar von den über oder mit Hilfe des zur Verfügung gestellten Materials erstellten Arbeiten. Letztere müssen folgenden Hinweis enthalten:

> "Das klinische Material wurde von der ULMER TEXTBANK zur Verfügung gestellt. Zum Schutz personenbezogener Daten ist der vollständige Abdruck der Quellen nicht möglich. Soweit es das wissenschaftliche Interesse erfordert, ist jedoch eine Einsichtnahme an der Abteilung für Psychotherapie der Universität Ulm, Am Hochsträß 8, 7900 Ulm möglich."

---

*Die ULMER TEXTBANK ist Teil der Abteilung für Psychotherapie und wurde mit Unterstützung der Deutschen Forschungsgemeinschaft im Sonderforschungsbereich 129 Teilprojekt B2 aufgebaut.

Anhang C

Regeln zur Lemmatisierung

In Zusammenarbeit mit
B. Drewek

Unter **Lemmatisierung** wird derjenige Vorgang verstanden, der jeder Wortform eines Textes ihr Lemma bzw. ihren Lemmanamen zuordnet.
Ein **Lemma** ist eine Zusammenfassung von bedeutungsmäßig und flexionsmorphologisch zusammengehörigen Wortformen, die durch den Lemmanamen (Grundform) repräsentiert wird.

Beispiel: Lemma Baum

Lemmaname:	Baum
Wortformen:	Baumes, Bäume, Baum

Die Lemmatisierung erfolgt textbezogen, indem Informationen aus dem Kontext mit berücksichtigt werden. Sie wird in zwei bzw. drei Schritten durchgeführt:

1. Ausbesserung einer defekten Wortform (Emendation)
   z.B. runterging - herunterging

2. Zurückführung einer Wortform auf die Grundform (Deflexion)
   z.B. herunterging - heruntergehen

3. Bestimmung der Wortart
   z.B. Verb

Als Grundregel der Emendation und Deflexion gilt:

Die Grundform darf sich bedeutungsmäßig und in der Wortartenzugehörigkeit nicht von der Wortform unterscheiden.

Als Grundregel der Wortartenbestimmung gilt:

Die Wortart kann eindeutig nur aus dem Textzusammenhang bestimmt werden.

Es werden folgende Wortarten verwendet:

Substantiv
Verb

Adjektiv
Artikel
Pronomen
Adverb
Konjunktion
Präposition
Interjektion
Numerale
Sonstiges.

Die Schreibweise der Wort- bzw. Grundformen richtet sich nach Rechtschreib- und Fremdwort-Duden.

Mundartliche Wörter sowie Wortschöpfungen werden möglichst ihrer Lautung entsprechend verschriftet.

Substantiv

Kennzeichnend für das Substantiv ist die Großschreibung am Wortanfang.
Als Grundform gilt der Nominativ Singular.

z.B.	Kinder	-	Kind
	Tisches	-	Tisch
	Ämter	-	Amt

Ausgenommen davon sind Substantive, die vorwiegend bzw. ausschließlich im Plural gebraucht werden.

z.B.	Krankenunterlagen	-	Krankenunterlagen
	Magenbeschwerden	-	Magenbeschwerden

Substantivierungen von Wörtern, die sich auf andere Wortarten zurückführen lassen werden im Nominativ Singular aufgenommen.

z.B.	Laufen	-	Laufen	urspr. Verb
	Richtiges	-	Richtige	Adjektiv

Ja	- Ja	Interjektion

Wortformen, die eine substantivierte Form des Komparativs oder des Superlativs von Adjektiven/Adverbien darstellen, werden auf die substantivierte Form des Positivs zurückgeführt.

z.B. Größere - Große
Größte - Große

Verkleinerungen werden auf das Grundwort zurückgeführt.

z.B. Engelchen - Engel
Vöglein - Vogel
Bärle - Bär

ausgenommen davon sind Diminutive, die die Beziehung zu ihren Grundwörtern verloren haben.

z.B. Kaninchen - Kaninchen
bißchen - bißchen

Bei zusammengesetzten Wortformen (Komposita) wird die Deflexion am Grundwort durchgeführt. Das Bestimmungswort bleibt unverändert.

z.B. Straßenbahnen - Straßenbahn
Älterwerdens - Älterwerden

Weibliche Wortformen werden auf die männliche Grundform zurückgeführt.

z.B. Lehrerin - Lehrer
Müllerin - Müller

Eigennamen, zum Beispiel für Personen, Städte, Länder, Landschaften, Gebäude, Firmen, Institutionen, Warenbezeichnungen, etc., auch in Verbindung mit anderen Wortformen werden nicht lemmatisiert.

Verb

Als Grundform gilt der Infinitiv, der sich aus Verbstamm und den Endungen -en, -eln oder -ern zusammensetzt.

z.B.

mogle	-	mogeln
gesagt	-	sagen
saß	-	sitzen
werden	-	sein
singend	-	singen
verbreiterte	-	verbreitern

Adjektiv

Als Grundform gilt die unflektierte Positivform. Komparative und Superlative werden also darauf reduziert.

z.B.

gut	-	gut
schöne	-	schön
komplizierter	-	kompliziert
größer	-	groß
kleinsten	-	klein

Die Reduktion auf die Positivform gilt auch bei stammverschiedenen Adjektiven.

z.B.

besser	-	gut
lieber	-	gern

Werden das Partizip Präsens oder das Partizip Perfekt adjektivisch gebraucht, so werden sie der Wortart Adjektiv zugeordnet.

z.B.

aufwühlendes	-	aufwühlend
gelesene	-	gelesen

Artikel, Pronomen, Adverbien,

Konjunktionen, Präpositionen, Interjektionen

gehören zu den Partikeln. Sie werden nicht flektiert, d.h. ihre Grundform stimmt mit ihrer Wortform überein.

Numerale

Sie treten in folgenden Subkategorien auf:

+ Kardinalzahlen
  eins, zwei, ..., einhundertfünfundsiebzig, ...

+ Ordinalzahlen
  erste, zweite, ..., erstens, ...

+ Bruchzahlen
  drittel, achtel, anderthalb, ...

+ Vervielfältigungszahlen
  einmal, zweimal, ..., einfach, einzeln, Dreifache

+ Unbestimmte Zahlwörter
  alle, viele, wenige, sämtliche, einzige, mehrere, manche, ...

Flektierte Formen werden auf den Nominativ Singular zurückgeführt.

Zusammengesetzte Wortformen, von denen ein Teil ein Numeral ist, wird die Wortart des Grundwortes zugeordnet.

z.B.	hundertjährig	-	Adjektiv
	Dreijährige	-	Substantiv

Sonstiges

dazu gehören:

+ Wortschöpfungen, die keiner anderen Wortart zugeordnet und
  bedeutungsmäßig nicht erfaßt werden können.
  z.B. fahrradfahrendermaßen, unumfallbar

+ abgebrochene Wörter
  Sie werden nicht emendiert, sondern als Grundform wird xxxxx
  eingetragen.
  z.B. ab-, vertrau-

+ fremdsprachliche feste Wortverbindungen, die keiner anderen
  Wortart zugeordnet werden können.
  z.B. expressis_verbis, a_la_longue

Anmerkung

Die vorliegenden Lemmatisierungsregeln stellen einen praktisch orientierten Kompromiß zwischen dem computer-linguistisch Möglichen, dem theoretisch-linguistisch Geforderten und dem im SFB-Projekt momentan Realisierbaren dar.

Literaturhinweise

BERGMANN 1982; DIETRICH 1972; DUDEN 1976; DUDEN 1973; DUDEN 1974; RUOFF 1981; SALEM 1980; SCHOTT 1975; WILLEE 1980.

Anhang D

Tabellen

STICHPROBENUMFANG ALFA=0.01

p(%)	Nmin	p(%)	Nmin
0.1	5295	5.1	101
0.2	2646	5.2	99
0.3	1763	5.3	97
0.4	1321	5.4	95
0.5	1057	5.5	93
0.6	880	5.6	91
0.7	754	5.7	90
0.8	659	5.8	88
0.9	586	5.9	87
1.0	527	6.0	85
1.1	479	6.1	84
1.2	438	6.2	82
1.3	404	6.3	81
1.4	375	6.4	80
1.5	350	6.5	78
1.6	328	6.6	77
1.7	309	6.7	76
1.8	291	6.8	75
1.9	276	6.9	74
2.0	262	7.0	73
2.1	249	7.1	71
2.2	238	7.2	70
2.3	227	7.3	69
2.4	218	7.4	68
2.5	209	7.5	67
2.6	201	7.6	67
2.7	193	7.7	66
2.8	186	7.8	65
2.9	180	7.9	64
3.0	173	8.0	63
3.1	168	8.1	62
3.2	162	8.2	61
3.3	157	8.3	61
3.4	153	8.4	60
3.5	148	8.5	59
3.6	144	8.6	58
3.7	140	8.7	58
3.8	136	8.8	57
3.9	133	8.9	56
4.0	129	9.0	56
4.1	126	9.1	55
4.2	123	9.2	54
4.3	120	9.3	54
4.4	117	9.4	53
4.5	115	9.5	53
4.6	112	9.6	52
4.7	110	9.7	51
4.8	107	9.8	51
4.9	105	9.9	50
5.0	103	10.0	50
p(%)	Nmin	p(%)	Nmin

STICHPROBENUMFANG ALFA=0.05

p(%)	Nmin	p(%)	Nmin
0.1	3687	5.1	70
0.2	1842	5.2	69
0.3	1227	5.3	67
0.4	920	5.4	66
0.5	735	5.5	65
0.6	612	5.6	64
0.7	525	5.7	62
0.8	459	5.8	61
0.9	408	5.9	60
1.0	367	6.0	59
1.1	333	6.1	58
1.2	305	6.2	57
1.3	281	6.3	56
1.4	261	6.4	55
1.5	244	6.5	54
1.6	228	6.6	54
1.7	215	6.7	53
1.8	203	6.8	52
1.9	192	6.9	51
2.0	182	7.0	50
2.1	173	7.1	50
2.2	165	7.2	49
2.3	158	7.3	48
2.4	151	7.4	47
2.5	145	7.5	47
2.6	140	7.6	46
2.7	134	7.7	46
2.8	129	7.8	45
2.9	125	7.9	44
3.0	121	8.0	44
3.1	117	8.1	43
3.2	113	8.2	43
3.3	109	8.3	42
3.4	106	8.4	42
3.5	103	8.5	41
3.6	100	8.6	41
3.7	97	8.7	40
3.8	95	8.8	40
3.9	92	8.9	39
4.0	90	9.0	39
4.1	88	9.1	38
4.2	85	9.2	38
4.3	83	9.3	37
4.4	81	9.4	37
4.5	80	9.5	36
4.6	78	9.6	36
4.7	76	9.7	36
4.8	74	9.8	35
4.9	73	9.9	35
5.0	71	10.0	35
p(%)	Nmin	p(%)	Nmin

STICHPROBENUMFANG ALFA=0.01

p(%)	Nmin	p(%)	Nmin
0.01	52980	0.51	1036
0.02	26488	0.52	1016
0.03	17658	0.53	997
0.04	13243	0.54	978
0.05	10593	0.55	960
0.06	8827	0.56	943
0.07	7566	0.57	926
0.08	6620	0.58	910
0.09	5884	0.59	895
0.10	5295	0.60	880
0.11	4814	0.61	865
0.12	4412	0.62	851
0.13	4072	0.63	838
0.14	3781	0.64	825
0.15	3529	0.65	812
0.16	3308	0.66	800
0.17	3114	0.67	788
0.18	2940	0.68	776
0.19	2785	0.69	765
0.20	2646	0.70	754
0.21	2520	0.71	743
0.22	2405	0.72	733
0.23	2300	0.73	723
0.24	2204	0.74	713
0.25	2116	0.75	703
0.26	2035	0.76	694
0.27	1959	0.77	685
0.28	1889	0.78	676
0.29	1824	0.79	668
0.30	1763	0.80	659
0.31	1706	0.81	651
0.32	1653	0.82	643
0.33	1602	0.83	635
0.34	1555	0.84	628
0.35	1511	0.85	620
0.36	1469	0.86	613
0.37	1429	0.87	606
0.38	1391	0.88	599
0.39	1355	0.89	592
0.40	1321	0.90	586
0.41	1289	0.91	579
0.42	1258	0.92	573
0.43	1229	0.93	567
0.44	1201	0.94	560
0.45	1174	0.95	555
0.46	1149	0.96	549
0.47	1124	0.97	543
0.48	1101	0.98	537
0.49	1078	0.99	532
0.50	1057	1.00	527
p(%)	Nmin	p(%)	Nmin

STICHPROBENUMFANG ALFA=0.05

p(%)	Nmin	p(%)	Nmin
0.01	36886	0.51	721
0.02	18442	0.52	707
0.03	12294	0.53	694
0.04	9220	0.54	681
0.05	7375	0.55	668
0.06	6146	0.56	656
0.07	5267	0.57	645
0.08	4609	0.58	634
0.09	4096	0.59	623
0.10	3687	0.60	612
0.11	3351	0.61	602
0.12	3072	0.62	593
0.13	2835	0.63	583
0.14	2633	0.64	574
0.15	2457	0.65	565
0.16	2303	0.66	557
0.17	2168	0.67	548
0.18	2047	0.68	540
0.19	1939	0.69	532
0.20	1842	0.70	525
0.21	1754	0.71	517
0.22	1674	0.72	510
0.23	1602	0.73	503
0.24	1535	0.74	496
0.25	1473	0.75	490
0.26	1416	0.76	483
0.27	1364	0.77	477
0.28	1315	0.78	471
0.29	1270	0.79	465
0.30	1227	0.80	459
0.31	1188	0.81	453
0.32	1150	0.82	448
0.33	1115	0.83	442
0.34	1083	0.84	437
0.35	1052	0.85	432
0.36	1022	0.86	427
0.37	995	0.87	422
0.38	968	0.88	417
0.39	944	0.89	412
0.40	920	0.90	408
0.41	897	0.91	403
0.42	876	0.92	399
0.43	856	0.93	394
0.44	836	0.94	390
0.45	817	0.95	386
0.46	800	0.96	382
0.47	783	0.97	378
0.48	766	0.98	374
0.49	750	0.99	370
0.50	735	1.00	367
p(%)	Nmin	p(%)	Nmin

GPSR Compliance

The European Union's (EU) General Product Safety Regulation (GPSR) is a set of rules that requires consumer products to be safe and our obligations to ensure this.

If you have any concerns about our products, you can contact us on ProductSafety@springernature.com

In case Publisher is established outside the EU, the EU authorized representative is:

Springer Nature Customer Service Center GmbH
Europaplatz 3
69115 Heidelberg, Germany

Batch number: 10844627

Printed by Printforce, the Netherlands